JN032987

ホクトの1番おいしい
きのこレシピ

⑥池田書店

もくじ

Part

2

プロの
スペシャルレシピ

Part

3

きのこレシピ
ベスト10

～おつまみ・作りおき～

きのこのおつまみ

Part

4

きのこで
菌活・美容レシピ

Part

5

きのこ事典

特別編①

エ ノ キ タ ケ レ シ ピ

特別編②

マ ッ シ ュ ル ー ム レ シ ピ

きのこ事典

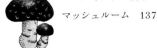

この本のレシピについて

〈Part2〜5〉

ホクト株式会社の公式サイト内「きのこレシピ」に掲載された約3000メニューの中から、特に人気の高かったものを厳選。Part3では、有名レストランのシェフや料理研究家・浜内千波さんの特別レシピを掲載しています。

ホクト株式会社公式サイト……https://www.hokto-kinoko.co.jp/

〈エノキタケレシピ(P131〜136)、マッシュルームレシピ(P138〜143)〉

料理製作・黒瀬佐紀子さん

フードスタイリスト・缶づめ料理研究家。雑誌・書籍・広告・TVなどで活動するほか、商品プロデュースも手掛ける。冷蔵庫にはつねに2種類以上のきのこをストックする、きのこ好き。毎朝の味噌汁にきのこが欠かせない。著書は「缶つま」(世界文化社)、「さば缶ダイエット」(主婦と生活社)、「缶詰食堂」(文化出版局)、「ほろ酔い♪女子つまみ」(徳間書店)など。

この本の使い方

〈きのこについて〉

● Part2〜5で使われている「ブナシメジ」「ブナ ピー」「マイタケ」「エリンギ」はホクト株式会 社の商品です。

● Part2〜5で使われている「シイタケ」はホクト 株式会社の「一番採り 生どんこ」、「ヒラタケ」 は「霜降りひらたけ」を使用しています。

● 「エノキタケ」「マッシュルーム」は、ホクト株 式会社では栽培をおこなっていません。

〈計量について〉

● 大さじ1＝15ml、小さじ1＝5ml、1合＝180ml です。

● 調味料の「少々」は親指と人差し指の2本でつ まんだ量、「ひとつまみ」は親指、人差し指、中 指の3本でつまんだ量です。「適量」はちょうど よい分量を好みで加減してください。

〈道具について〉

● フライパンはコーティング加工を施してあるも のを使用しています。

● 電子レンジの加熱時間は600Wを基準にして います。機種により加熱時間が多少異なるの で、取扱説明書の指示に従い、様子を見なが ら調整してください。

● 魚焼きグリルは、ガスの両面焼きグリルを使 用しています。

〈調味料と作り方について〉

● ことわりがない限り、「しょう油」は「濃い口し ょう油」、「砂糖」は「上白糖」、オリーブオイル は「エクストラ・バージン・オリーブオイル」、 バターは有塩を使用しています。

● 本書では、食材を洗う、野菜の皮をむくなどの 基本的な下ごしらえを作り方から省いている 場合があります。適宜おこなってください。

参考文献　「改訂版 きのこ検定公式テキスト」ホクトきのこ総合研究所監修(実業之日本社)
「ホクトのきのこレシピ」ホクト株式会社監修(幻冬舎)

Part

1

きのこのはてな

おいしくてヘルシーなきのこですが、
案外知らないことがいっぱい。
栄養素や下ごしらえなど、きのこの素顔を知れば、
料理がもっと味わい深いものになります。

監修者……管理栄養士 中村愛香さん・徳田美咲さん（ホクト株式会社）

きのこって
そもそも何ですか

体にうれしい**菌類**です

きのこのいいところ

きのこは酵母や麹などと同じ菌の仲間。肉眼で唯一見える菌です。

ダイエットにいい

きのこは100gで20kcal前後と低カロリー。ダイエットの敵であるむくみを解消するカリウムも豊富です。

ビタミン豊富

糖質をエネルギーに変えるビタミンB_1、髪や肌などを健やかに保つビタミンB_2、カルシウムの吸収を助けるビタミンDが豊富。

うま味で減塩

きのこには三大うま味成分のうちのグアニル酸、グルタミン酸が含まれます。うま味成分が多いので、減塩しても満足のいく味が作れます。

腸内環境を整える

きのこの食物繊維が腸内環境を整え、便秘の予防や改善を促します。糖尿病などの生活習慣病予防にも。

免疫力アップ

βグルカンが免疫細胞を活性化させ、ウイルスや病原菌の侵入を防ぐといわれています。がん予防効果も注目されています。

二日酔い予防にも

きのこに含まれるオルニチンが肝臓の働きを助け、二日酔いの予防や改善に効果があるといわれています。

きのこはどこで
育つのですか

森林や、
安全で衛生的な工場です

きのこの栽培方法

菌床栽培

とうもろこしの芯、米ぬか、ふすまなどの植物由来の原料を使用した培地にきのこの菌を植えつけて栽培する方法。温度や湿度が管理された衛生的な工場で通年栽培が可能であるため、安定的に供給できます。

原木栽培

枯れ木(原木)にきのこの菌を植えつけた「ほだ木」を、山林などで管理し、栽培する方法。天然きのこと同じような環境で育てるため、味や香りの濃いきのこができるといわれています。

天然

天然きのこは、旬を味わうのが醍醐味。特にマツタケやトリュフなど、栽培方法が確立されていない季節限定のきのこは時期を逃すことなく楽しみたいもの。

エリンギの菌床栽培の様子
(写真提供……ホクト株式会社)

きのこは
水で洗っても
いいですか

うま味や栄養素が
流出するので **NG**

＊衛生管理の整った工場で生産されたきのこに限ります。

きのこの下ごしらえ

汚れの落とし方

ペーパータオルでふく

スーパーで売っている菌床栽培のきのこは、清潔な工場で生産されているため、汚れはほとんどなく、洗わずに調理できます。気になる場合は、ぬらしたペーパータオルやふきんで軽くふきます。

水で洗うのはNG

きのこを洗うと水っぽくなっておいしさと栄養素が損なわれます。水にさらすのもNGです。

切り方いろいろ

シイタケは
石づきを切り落とす

シイタケの軸の根元にある硬い部分が石づき。口当たりが悪いので、包丁で切り落とします（切り落としてからパック詰めされているシイタケもあります）。

シメジの石づきは
逆Vの字にカット

シメジの株を半分に割り、断面を上にして、写真のように逆Vの字にカットすると無駄が出ません。

エリンギは手で裂く

エリンギは手で縦に裂くと、断面に凹凸ができて味がなじみやすくなります。マイタケ、ヒラタケも手でほぐすだけでOKです。

きのこの長所を生かす
調理法は
何ですか

うま味と栄養素を
生かす方法がそれぞれあります

うま味を
引き出すなら…

→水から煮る

きのこにはさまざまなうま味成分が含まれていますが、60〜70℃の温度帯で増加するため、水から弱火で煮出すのがおすすめ。ただし、風味や食感が損なわれるので、煮すぎは禁物。スープや味噌汁、鍋ものなど、汁ごと食べる料理に向いています。

→焼く

魚焼きグリルや焼き網などできのこを焼くと、水分がほどよく抜けてうま味が凝縮されます。フライパンでから焼きしても同様の効果が得られます。

栄養素を
効果的に摂るなら…

→炒める・揚げる

きのこに豊富なビタミンB群やミネラルなどの栄養成分は、水溶性なので茹でたり煮たりすると水に流出してしまいます。熱にも弱いため、栄養素を効果的に摂るなら、短時間で調理できる炒めものや揚げものがおすすめ。また、きのこに多く含まれるビタミンDは脂溶性なので、油で調理すると体内での吸収率がアップします。

ビタミンDを
増やすなら…

→清潔な環境で天日に当てる

きのこのビタミンDは紫外線を当てることで増加します。特にシイタケは、紫外線を浴びるとビタミンDに変化する「エルゴステロール」という成分が多いため、調理前に少し日光に当てるとよいでしょう。

残ったきのこの
保存方法を
教えてください

すぐに食べるなら**冷蔵**、
長期保存なら**冷凍**を

冷蔵 乾いたペーパータオルで包む

保存期間……2〜3日

残ったきのこを乾いたペーパータオルで包んで野菜室で保存を。ペーパーを使うのは、きのこから出る水分を吸収させるため。ラップやポリ袋はきのこが蒸れて傷みやすくなるのでおすすめしません。

冷凍 食べやすい大きさに切って保存袋に

保存期間……約2週間

残ったきのこを食べやすい大きさに切り、ジッパーつき保存袋に平らに入れ、空気を抜いて口を閉じ、冷凍室へ。使うときは軽くほぐして凍ったまま鍋に入れます。複数のきのこを混ぜて冷凍しても。冷凍することできのこの細胞壁が壊れ、うま味成分のグアニル酸が増えやすくなることもわかっています。

干す

食べる直前に30分〜1時間きのこを天日に当てると、ビタミンDが増加するといわれていますが、保存目的で干すと、環境によっては雑菌が繁殖する場合もあるため、注意が必要です。

きのこ事典

【シイタケ】

きのこの中では水分含有量が低めなので、加熱しても食感がしっかり残ります。紫外線を浴びるとビタミンDに変化するエルゴステロールが含まれているため、調理前30分〜1時間天日に干すとビタミンDが増加するといわれています。

●**選び方**……かさが開いておらず、ピンとハリがあり、表面が乾いているものがよい。
●**栄養・効能**……免疫機能や細胞の代謝機能をアップさせるビタミンDが豊富。血中コレステロールを下げるエリタデニンも含まれる。食物繊維も豊富。

Part

2

きのこレシピ ベスト 10

〜主菜・副菜・ご飯&めん・スープ&鍋〜

ふだんのごはんに役立つレシピ集です。
ジャンルごとにホクト株式会社のサイトで特に人気の高かった10品を
料理研究家・浜内千波さんが試作してランキング。
毎日の献立に取り入れたいメニューばかりです！

選考者
浜内千波さん

料理研究家、栄養士。ファミリークッキングスクールを主宰。雑誌や書籍を
はじめ、テレビ、ラジオ、講演会、各種の料理イベントで活躍中。自身の経験
をもとに考案したダイエットメニュー、野菜料理に定評がある。著書は『夜に
飲む「リカバリースープ」　』(WAVE出版)など多数。

ホクト株式会社の公式サイト内「きのこらぼ」でのレシピ審査、ホクトのラジオ
CM出演やレシピ監修などをおこなう。好きなきのこはブナシメジ。調理をする
際も使い勝手がよく、うま味をしっかり感じられるから。

主菜**1**位

∝ きのこのヘルシー餃子と カラフル5種ダレ

調理時間30分

材料(4人分)

マイタケ、エリンギ……各100g

豚ひき肉……150g

ニラ……1/2束

しょうが、にんにく……各1片

もやし……100g

A

しょう油、ごま油……各小さじ1

オイスターソース……小さじ2

片栗粉……大さじ1

塩……小さじ1/3

こしょう……少々

餃子の皮……24枚

サラダ油……適量

水……100ml

a チリソース、刻んだパクチー……各適量

b ゆずこしょう、ポン酢しょう油……各適量

c ごまダレ、ラー油……各適量

d 酢じょう油、ラー油……各適量

e トマトケチャップ、レモン……各適量

1 マイタケとエリンギは粗みじん切りにする。ニラ、しょうが、にんにくはみじん切りにする。もやしはさっと茹でてペーパータオルで水気を取り、粗みじん切りにする。

2 ボウルにひき肉と**1**を入れ、粘りが出るまでよく混ぜ合わせる。**A**を加えて混ぜ、24等分する。

3 餃子の皮の中央に**2**をのせ、縁に水をぬって半分に折り、ひだを寄せながら包む。

4 フライパンにサラダ油を中火で熱し、**3**を並べる。皮の底面に焼き色がついたら水を加えてフタをし、7分ほど蒸し焼きにする。水分がほぼなくなったら、フタを取って焼き上げる。

5 **a、b、c、d、e**をそれぞれ混ぜ合わせ、カラフル5種ダレを作る。

6 **4**を器に盛り、好みのタレをつけて食べる。

人気の餃子の中に食感のよいエリンギ、うま味の強いマイタケをたっぷり入れ込んで食べごたえのある具材になっています。食べると口の中に香りがふんわり。しかも5種のタレを添えるので、楽しい食卓になりますね。

使用するきのこ

マイタケ　エリンギ

主菜 2位

∞ シイタケの麻婆豆腐 ∞

材料(2人分)

シイタケ(生どんこ)
……1パック(160g)
絹ごし豆腐……300g
長ねぎ……1/2本
にんにく……1片
しょうが……1片

A

豚ひき肉……100g
ごま油……大さじ2
豆板醤……小さじ1
味噌……大さじ1 1/2
塩……小さじ1/3
花椒……適量
水……150ml

B

水……大さじ1/2
片栗粉
……大さじ1/2

1 シイタケは石づきを切り、2等分にする。豆腐は大きめの角切りにし、ペーパータオルを敷いた耐熱容器に並べ、電子レンジで2分ほど加熱する。長ねぎ、にんにく、しょうがはみじん切りにする。

2 フライパンににんにく、しょうが、**A**を入れて中火にかけ、焦がさないようにほぐしながら炒める。脂がにじみ出てきたら、シイタケと花椒を加えて軽く炒める。

3 豆腐と水を加えて煮立ったら、さらに3分ほど煮る。**B**を混ぜて加え、とろみがついたら、長ねぎを加えて混ぜる。

シイタケの食感、うま味がプラスされていて、食べごたえのある家庭料理ならではの一品ですよね〜。ボリュームを出しながら栄養も補えるこのレシピは、麻婆豆腐以外のおかず作りのヒントにもなるのでは?

使用する
きのこ

シイタケ

25

∞ ヒラタケの ジャーマンソテー

調理時間10分

きのこの主菜

材料（2人分）

ヒラタケ（霜降りひらたけ）
……1パック（100g）
ウインナー……6本
じゃがいも……3個（300g）
玉ねぎ……1/4個
バター……10g
塩……小さじ1/2
黒こしょう……小さじ1/3
しょう油……小さじ1
粉チーズ……大さじ1
パセリ（みじん切り）
……大さじ1

1 ヒラタケは小房に分ける。じゃがいもは皮をむいてくし形に切り、耐熱容器に入れてラップをふんわりとかけ、電子レンジで5分ほど加熱する。玉ねぎは薄切りにし、ウインナーは斜めに切る。

2 フライパンにバターを入れて中火で熱し、1を炒める。塩、黒こしょう、しょう油で味を調える。

3 器に盛り、粉チーズとパセリを振る。

霜降りひらたけの味と見た目のインパクトは見事。しかもじゃがいもとソーセージの邪魔をせずに、しっかりとメインの一品に導いているところは、このきのこならではのお仕事といえます。

使用するきのこ

ヒラタケ

27

生どんこのかさの
大きさを生かしたメニュー。
肉ダネの具材を変えるなど
アイデアも広がりそう！

◇◇ シイタケの和風ハンバーグ ◇◇◇◇◇◇◇◇

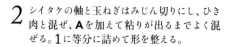

使用する
きのこ

シイタケ

調理時間20分

材料（2人分）

シイタケ（生どんこ）
……1パック（160g）
合いびき肉……300g
薄力粉……小さじ1
玉ねぎ……1/2個
A
　卵……1個
　牛乳……50ml
　パン粉……大さじ2
　塩……小さじ2/3
　こしょう……少々

サラダ油……小さじ1
B
　ポン酢しょう油
　　……大さじ3
　みりん……大さじ1
　片栗粉……小さじ1/2
大葉……4枚
大根おろし……100g
リーフレタス……適量

1　シイタケは軸を切り、
　かさの内側に薄力粉を薄く振る。

2　シイタケの軸と玉ねぎはみじん切りにし、ひき
　肉と混ぜ、**A**を加えて粘りが出るまでよく混
　ぜる。1に等分に詰めて形を整える。

3　フライパンにサラダ油を中火で熱し、肉の面
　から焼く。こんがり焼き色がついたら裏返し
　てフタをし、5分ほど蒸し焼きにする。

4　3に混ぜた**B**を加えて絡める。

5　器に4を盛り、大葉、大根おろし、リーフレタ
　スを添える。

包み蒸しは食材の色や
香りを閉じ込める調理法。
開いたときに目と鼻で
きのこや鮭を楽しめますね

主菜5位

≫ きのこと秋鮭の包み蒸し ≪

使用する
きのこ
ブナピー　エリンギ

調理時間20分

材料（4人分）

ブナピー……100g

エリンギ……100g

生鮭……4切れ

なす……2本

りんご……1個

レモン……1個

A
  塩……小さじ3/4
  こしょう……適量
  酒……大さじ1
  粒マスタード……大さじ1

パセリ（飾り用）……適量

1 ブナピーは石づきを切って小房に分け、エリンギは食べやすい大きさに切る。なすは1cm幅の輪切りにし、りんごは皮ごと5mm幅のくし形に切り、レモンは薄い輪切りにする。

2 鮭は食べやすい大きさに切り、表面に混ぜ合わせた**A**をぬる。

3 クッキングシートに**1**と**2**を1/4量ずつのせてキャンディー状に包む。湯を深さ1cmほど張ったフライパンに入れてフタをし、中火で2分、その後弱火で8分ほど蒸す。

29

とてもヘルシー！
きのこの種類を変えたり
ご飯の上にのせて
丼にしてもよさそうですね

◇◇ きのこと大根の牛すき煮 ◇◇◇◇◇◇◇◇◇◇

使用する
きのこ
ブナシメジ　マイタケ

調理時間15分

材料（4人分）

ブナシメジ……100g
マイタケ……100g
牛切り落とし肉
　　……180g
大根……1/3本（300g）
長ねぎ……1/2本
サラダ油……小さじ1

A
　砂糖……大さじ3
　しょう油……大さじ3
　水……200ml
卵黄……1個分

1　ブナシメジは石づきを切り、マイタケとともに小房に分ける。大根はピーラーで薄くリボン状にし、長ねぎは斜め薄切りにする。

2　フライパンにサラダ油を中火で熱し、牛肉、大根、長ねぎを入れて炒める。牛肉の色が半分くらい変わったらきのこを加えて炒める。**A**を加えてフタをし、3分ほど煮る。

3　器に盛り、卵黄をのせる。

彩りがとてもいい感じの
メニューになっています。
途中放っておける調理法も
うれしいですよね

主菜 7位

きのこと豚バラ肉の甘辛煮

使用する
きのこ
マイタケ　エリンギ

調理時間 20分

材料（4人分）

マイタケ……100g
エリンギ……100g
豚バラ肉（ブロック）
……300g
ズッキーニ……1本
にんじん……1本

A
玉ねぎ（すりおろし）
……½個分
しょう油……大さじ4
はちみつ……大さじ2
酒……大さじ2
砂糖……小さじ1

1　マイタケは小房に分け、エリンギは食べやすい大きさに裂く。豚肉は5mm〜1cm幅に切る。ズッキーニ、にんじんは5mm〜1cm幅の輪切りにする。**A**は混ぜ合わせる。

2　耐熱性のポリ袋に1をすべて入れ、空気を抜いてしばる。

3　鍋の底に耐熱皿を敷き、湯を沸かす。2のポリ袋を入れ、フタをして20分ほど弱火で加熱する。

4　3の具材を器に盛り、タレはフライパンに入れて半量になるまで煮詰め、具材にかける。

31

本格的なオムレツに
きのこがたっぷり
プラスされて、食感がよい
アクセントになっています

∽∽ 鉄分たっぷりきのこオムレツ ∽∽∽∽∽∽

使用する
きのこ

ブナピー　エリンギ

調理時間 15分

材料（4人分）

ブナピー……100g
エリンギ……100g
卵……4個
じゃがいも……1個
ほうれん草
　……1/2束
乾燥ひじき
　……大さじ1 1/2
オリーブオイル
　……大さじ3

塩……小さじ2/3強
ピザ用チーズ
　……40g
こしょう……少々
トマトケチャップ
（好みで）……適量

1 ブナピーは石づきを切って小房に分け、エリンギは食べやすい大きさに切る。じゃがいもは皮をむいて5mm幅のいちょう切りにし、ほうれん草は3cm長さに切る。ひじきは水で戻す。

2 フライパンにオリーブオイル大さじ1を中火で熱し、きのこ、じゃがいもを炒める。じゃがいもに火が通ったらほうれん草、ひじきを加えて塩小さじ1/2強で調味し、粗熱を取る。

3 ボウルに卵を割りほぐし、チーズ、2、残りの塩、こしょうを加え混ぜる。

4 フライパンに残りのオリーブオイルを中火で熱し、3を入れて焼く。半熟状になったら裏返してフタをし、弱火で火が通るまで焼く。好みでケチャップをかける。

きのこやたらなど食材の
うま味がしっかり出ているので、
スープの素がなくても
大丈夫

主菜 **9位**

∞ たらときのこの中華風塩炒め ∞∞∞∞∞∞

使用する
きのこ
ブナピー エリンギ

調理時間20分

材料（4人分）

ブナピー……100g
エリンギ……100g
生だら……4切れ
片栗粉……適量
ブロッコリー……1株
にんにく……1片
しょうが……1片
ごま油……適量

A
水……150ml
顆粒鶏がら
スープの素
……小さじ2

塩……小さじ½強
こしょう……少々

B
水……大さじ2
片栗粉
……大さじ1

1 ブナピーは石づきを切って小房に分け、エリンギは輪切りにする。たらは一口大に切り、軽く塩（分量外）を振って10分ほどおき、水気をふいて片栗粉を薄くまぶす。ブロッコリーは小房に分け、にんにく、しょうがはみじん切りにする。

2 フライパンにごま油を中火で熱し、たらを焼く。表面に焼き色がついたら取り出す。

3 フライパンの余分な油をペーパータオルでふき取り、ごま油を弱火で熱し、にんにく、しょうがを炒める。香りが立ったら、きのこ、ブロッコリーを加えて炒める。

4 きのこに火が通ったら、**A**を加えてフタをし、2〜3分蒸し焼きにする。たらを戻し入れて、塩、こしょうで味を調えたら、混ぜた**B**を加えてとろみをつける。

33

きのことちりめん
じゃこをふんわりと卵で
とじたやさしい料理。
ほっとする味ですね

∞ きのこと小松菜の卵とじ ∞

使用する
きのこ

ブナシメジ　エリンギ

調理時間 10分

材料（4人分）

ブナシメジ……100g
エリンギ……100g
卵……3個
小松菜……1束
長ねぎ……1本
サラダ油……大さじ1
ちりめんじゃこ……50g

A
酒……大さじ1
砂糖……小さじ2
しょう油
　　……大さじ½
わけぎ（好みで）……適量

1　ブナシメジは石づきを切って小房に分け、エリンギは食べやすい大きさに切る。小松菜は5cm長さに切る。長ねぎは5mm幅の斜め切りにする。

2　フライパンにサラダ油を中火で熱し、1を入れてさっと炒める。ちりめんじゃこ、**A**を加えて軽く混ぜ、フタをして弱火できのこがしんなりするまで蒸し焼きにする。

3　卵を割りほぐして2に回し入れる。フタをして中火にし、卵が固まったら器に盛る。好みで小口切りにしたわけぎを散らす。

きのこ事典

【ブナシメジ】

きのこの中ではグルタミン酸が豊富。汁ものなどにうま味を生かすなら、水からじっくりと加熱するとよいでしょう。オルニチンがシジミの7倍含まれているので、二日酔いの朝にはブナシメジをゆっくり煮出した味噌汁が特におすすめ。

●**選び方**……軸が白いものが新鮮。黄ばんでいるものは古いので避けて。かさが潰れていたり、割れたりしていないものを選ぶ。

●**栄養・効能**……ビタミンB₁、B₂、パントテン酸などを含む。血糖値を下げ、インスリン分泌促進作用が高いこともわかっている。

きのこの 副菜

副菜1位

∞ きのことチーズの タラモサラダ

調理時間15分

材料(4人分)

ブナシメジ……100g
マイタケ……100g
プロセスチーズ……50g
じゃがいも……小3個(250g)

A

| たらこ(皮を取り除く)
　……70g
| マヨネーズ……大さじ2
| 牛乳……大さじ2

オリーブオイル……小さじ1
しょう油……小さじ1
黒こしょう……少々
パセリ(飾り用)……適量

1
ブナシメジは石づきを切り、マイタケとともに小房に分ける。チーズは1cm角に切る。じゃがいもは皮をむいて一口大に切り、水にさらして水気をきり、耐熱ボウルに入れてラップをし、電子レンジで6分加熱する。全体を混ぜ、再びラップをかけて2分加熱し、潰す。**A**は混ぜ合わせる。

2
フライパンにオリーブオイルを中火で熱し、**1**のきのこ、しょう油を入れて炒め、粗熱を取る。

3
1の潰したじゃがいもに**2**、**A**、**1**のチーズ、黒こしょうを加えて混ぜ、器に盛る。

きのこをしっかり焼きつけてうま味を出しつつ、火の通りにくいじゃがいもは電子レンジを使うなど、調理法が上手に使い分けられています。いつものタラモが、きのこのおかげでぐんとレベルアップしています!

使用するきのこ
ブナシメジ　マイタケ

きのことれんこんの甘辛蒸し

調理時間15分

材料（4人分）

ブナピー……100g
エリンギ……100g
れんこん……100g
にんじん……⅓本（30g）
鶏ささみ……4本

A
- しょう油……小さじ2
- 酒……小さじ1

片栗粉……大さじ1
水……100ml

B
- 黒ごま……大さじ1
- みりん……大さじ1
- コチュジャン……大さじ1
- しょう油……小さじ2

細ねぎ……¼束

1 ブナピーは石づきを切って小房に分け、エリンギは食べやすい大きさに裂く。れんこんは縦半分に切って6等分にし、2〜5mm幅の薄切りにする。にんじんは2〜5mm幅の短冊切りにする。

2 ささみは筋を取り、そぎ切りにする。**A**で下味をつけて片栗粉を薄くまぶす。

3 フライパンに**1**を入れ、その上に**2**をのせる。水を回しかけてフタをし、中火にかける。火が通ったら混ぜ合わせた**B**を入れ、味を調える。器に盛り、小口切りにした細ねぎを散らす。

きのこはコリコリ、れんこんはシャキシャキ、ささみはしっとり。それぞれの食感がしっかり引き立っていて、しかも栄養のバランスがとてもよく考えられているメニューになっています。

使用するきのこ

ブナピー　エリンギ

∞ ヒラタケのしょうが煮 ∞

調理時間10分

材料(2人分)

ヒラタケ(霜降りひらたけ)
……1パック(100g)

しょうが……1片

A

| 水……100ml
| しょう油……大さじ1
| 砂糖……大さじ1/2
| みりん……大さじ1

1 ヒラタケは小房に分け、しょうがは千切りにする。

2 鍋にA、1を入れて落としブタをし、汁気がなくなるまで弱火で煮る。

ヒラタケのおいしさがシンプルに伝わる料理。同じ味つけできのこを変えて作るのもおすすめ。

使用する
きのこ

ヒラタケ

通常の
しょう油煮を味噌味に
したところがミソなの
ですね(笑)。マイタケ効果で
お肉がやわらか～

∞ きのことゴロゴロ根菜の味噌煮 ∞

使用する
きのこ

ブナピー　マイタケ

調理時間 30分

材料(4人分)

ブナピー……100g
マイタケ……100g
鶏むね肉……100g
にんじん……1本
ごぼう……100g
さつまいも
……120g
こんにゃく……1枚
ごま油
……大さじ1

A
だし汁
……300ml
みりん
……大さじ2
砂糖……大さじ1
しょう油
……大さじ1½
味噌……大さじ2

1 ブナピーは石づきを切り、マイタケとともに小房に分ける。鶏肉は一口大に切り、マイタケではさんでおく。にんじん、ごぼうは乱切り、さつまいもは皮つきのまま乱切りにする。ごぼう、さつまいもはそれぞれ水にさらし、水気をきる。こんにゃくはスプーンで一口大にちぎる。

2 鍋にごま油を中火で熱し、鶏肉、にんじん、ごぼう、さつまいもを入れてさっと炒める。きのこ、こんにゃくを加えてさらに炒める。

3 全体に油が回ったら、**A**を加えて煮る。具がやわらかくなったら味噌を加えて弱火にし、さらに煮る。

4 具に味がしみ込んだら火を止める。

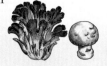

きのこは
煮びたし向きの食材。
霜降りひらたけの存在感も
歯ごたえも抜群ですね!

副菜 **5位**

使用する
きのこ

ヒラタケ
PLEUROTUS

◇◇ ヒラタケとなすの煮びたし ◇◇◇◇◇◇◇◇◇◇

材料(2人分)

ヒラタケ(霜降りひらたけ)
……1パック(100g)

なす……2本

しょうが……1片

ごま油……大さじ1

A

　水……150ml

　めんつゆ(3倍濃縮タイプ)
　　……大さじ2

調理時間15分

1 ヒラタケは小房に分ける。
なすはへたを取り、長さを半分にして
4等分にする。しょうがはすりおろす。

2 フライパンにごま油を中火で熱し、なすを皮目から
焼き、ヒラタケも焼く。

3 なすに焼き色がついたら、**A**を入れ、ヒラタケがし
んなりするまで煮る。

4 器に盛り、おろししょうがをのせる。

43

きのこといか、
香味野菜や梅干しの
組み合わせが絶妙。
時間をかけずにさっと
作れるのもいいですね

きのこといかのさわやか香味炒め

使用する
きのこ

ブナシメジ　マイタケ

調理時間15分

材料（4人分）

ブナシメジ……100g
マイタケ……100g
いか……1ぱい
大葉……6枚
みょうが……2個
オリーブオイル
……大さじ2

A
酒……大さじ1
おろししょうが
……1片分

B
しょう油……小さじ1
こしょう……適量
梅肉……大2個分

1 ブナシメジは石づきを切り、マイタケとともに小房に分ける。いかは胴から足を引き抜き、ワタと軟骨を取り除く。胴は1cm幅の輪切りにし、足は食べやすく切る。大葉とみょうがは千切りにする。

2 フライパンにオリーブオイルを中火で熱し、1のきのこを炒める。軽く火が通ったら、いか、**A**を加え、いかに火が通るまで炒める。

3 仕上げに**B**を順番に加えてさっと炒める。器に盛り、みょうが、大葉をのせる。

彩りがとても
きれいなので、
多めに作っておくと、
すき間おかずとして
活躍しそうです

副菜 **7**位

∞ きのことパプリカのオイル漬け ∞

使用する
きのこ
ブナピー　エリンギ

調理時間10分

材料(4人分)

ブナピー……100g

エリンギ……100g

パプリカ(赤・黄)……各1/2個

A

　オリーブオイル……150ml

　にんにく……1片

　ハーブソルト(なければ塩適量)

　　……小さじ2

1 ブナピーは石づきを切って小房に分け、エリンギは輪切りにする。パプリカは乱切りにし、**A**のにんにくは潰す。

2 耐熱ボウルにきのこを入れてラップをふんわりとかけ、電子レンジで4分ほど加熱する。

3 2の粗熱が取れたら、パプリカと**A**を加えて、30分～1時間おく。

∽ きのことじゃがいもの和風ガレット ∽

使用する
きのこ
ブナシメジ エリンギ

調理時間20分

材料(4人分)

ブナシメジ
……100g

エリンギ……100g

じゃがいも
……200g

A

　粉チーズ
　……大さじ1

　薄力粉
　……大さじ2

　塩……小さじ½

サラダ油
……大さじ2⅓

しらす……20g

細ねぎ
……4本

粉山椒(好みで)
……適量

好みの野菜
……適量

1 ブナシメジは石づきを切って小房に分け、エリンギは薄切りにする。エリンギは耐熱容器に入れてラップをふんわりとかけ、電子レンジで3分ほど加熱したら、取り出して粗熱を取る。じゃがいもは皮をむいて千切りにする(水にさらさない)。

2 ボウルにじゃがいも、エリンギ、**A**を入れて混ぜ合わせる。

3 フライパンにサラダ油大さじ2を中火で熱し、2を全体に平らに広げ、表面を木べらで押さえながら焼く。こんがりしたらひっくり返してフタをし、弱火で10分ほど蒸し焼きにする。

4 別のフライパンに残りのサラダ油を中火で熱し、1のブナシメジ、しらすを入れて炒める。

5 器に3を盛って4をのせ、小口切りにした細ねぎ、好みで粉山椒をかける。好みの野菜を添える。

46

電子レンジで簡単に作れて、
栄養のバランスもよし。
きのこのうま味も
しっかり詰まっています

副菜 **9位**

∞ きのことさばの
シャキシャキごま和え

使用する
きのこ

ブナシメジ　マイタケ

調理時間 10分

材料（4人分）

ブナシメジ……100g
マイタケ……100g
さば水煮缶
　……1缶（190g）
小松菜……1束（300g）
長ねぎ……1本
ごま油……大さじ1

A
　しょう油……大さじ1⅓
　酢……大さじ1
　白すりごま……大さじ3
　おろしにんにく
　　……小さじ1
白ごま（好みで）……小さじ1

1　ブナシメジは石づきを切り、
マイタケとともに小房に分ける。小松菜は
3cm長さに切り、長ねぎは斜め薄切りにする。

2　耐熱ボウルに1とごま油を入れてラップを
ふんわりとかけ、電子レンジで4分30秒ほ
ど加熱し、粗熱を取る。

3　2に**A**、さばを缶汁ごと加えて混ぜ合わせる。
器に盛り、好みで白ごまを振る。

どんこが大きく
香りが高いからこそ
できる天ぷらですね～。
うま味が強いので、
塩だけ添えれば十分

◇◇ シイタケの天ぷら ◇◇◇◇◇◇◇◇◇◇◇◇◇◇◇◇◇◇◇◇◇◇◇◇◇◇◇◇◇◇◇◇◇◇◇◇◇◇

使用する
きのこ

シイタケ

調理時間 10分

材料（4人分）

シイタケ（生どんこ）
……1パック（160g）
大葉……適量

天ぷら衣
　天ぷら粉（市販）
　　……適量
　水……適量

揚げ油……適量
岩塩……適量
すだち（好みで）
　……適量

1 シイタケは石づきを切る。

2 天ぷら衣を作る。ボウルに天ぷら粉を
入れ、袋の表示通りの水を加えて混ぜる。

3 フライパンに揚げ油を180℃に熱し、1、大葉を2
にくぐらせて入れ、からりと揚げる。

4 器に盛り、塩、好みですだちを添える。

きのこ事典

【マイタケ】

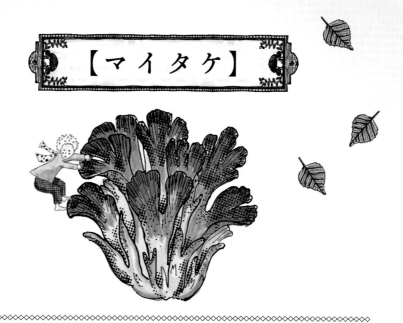

黒い色素はポリフェノールの一種。マイタケを調理すると黒っぽくなることがあるのはこの色素由来です。タンパク質分解酵素が含まれるので、生の状態で肉と合わせると、肉がやわらかくなります（茶碗蒸しに生のまま入れると、卵がかたまらないので注意！）。

●**選び方**……全体的にハリがあるものを。パック内に汗をかいているものは避けて。

●**栄養・効能**……ビタミンB$_1$、B$_2$、D、がん細胞の増殖を抑制するとされるβグルカンが豊富。βグルカンは花粉症を緩和する作用も期待されている。

きのこのご飯&めん

調理時間15分

∾ 栄養満点！ きのこの 冷やしばくだんそば

材料（4人分）

ブナシメジ
……100g
エリンギ……100g
豚ひき肉
……200g
長いも……200g
モロヘイヤ
……100g
オクラ……8本
梅干し……1個
そば（乾めん）
……400g
大葉……4枚
温泉卵……4個
A
めんつゆ
（3倍濃縮タイプ）
……150ml
水……300ml

1 ブナシメジは石づきを切り、小房に分ける。エリンギは長さを半分に切って薄切りにする。長いもはすりおろす。モロヘイヤとオクラは茹でて、食べやすい大きさに切る。梅干しは種を取り除き、細かくたたく。

2 フライパンを弱火で熱し、ひき肉を炒める。肉の色が変わったら中火にして1のきのこを加えて炒め、1の梅肉で味を調える。

3 そばは袋の表示時間通りに茹でて冷水にとり、水気をきる。

4 器に3を盛り、2、1の長いも、モロヘイヤ、オクラを彩りよくのせる。中央に大葉、温泉卵をのせ、**A**を回しかける。

旬の食材の食感とおいしさとさわやかさ、そして栄養。料理にほしいすべての要素を網羅しているそばになっていますね！ 味つけもひき肉に梅肉を混ぜ込むなど工夫されていて、とても面白いと思いました。

使用する
きのこ

ブナシメジ　エリンギ

∞ きのことサーモンの春色丼 ∞

調理時間20分

きのこのご飯＆めん

材料（4人分）

ブナピー……100g
エリンギ……100g
アボカド……1個
生鮭……4切れ
塩……少々
薄力粉……適量

A

　酒……大さじ4
　みりん……大さじ2
　しょう油……大さじ1
　味噌……大さじ1
　コチュジャン
　　……大さじ1
　おろしにんにく
　　……大さじ1
ごま油……大さじ2
雑穀ご飯……800g
白ごま……適量
刻み海苔……適量

1 ブナピーは石づきを切って小房に分け、エリンギは食べやすい大きさに切る。アボカドは種を取って皮をむき、一口大に切る。鮭は2〜3等分に切って塩を振り、薄力粉をまぶす。**A**は混ぜ合わせる。

2 フライパンにごま油大さじ1を中火で熱し、鮭を両面焼く。火が通ったら取り出す。

3 フライパンに残りのごま油を入れ、**1**のきのこを中火で炒める。しんなりしたら、**2**、**A**を加えて炒め合わせ、最後にアボカドを加えてひと混ぜする。

4 器に雑穀ご飯を盛り、**3**をのせる。白ごまを振り、刻み海苔をのせる。

みんなが大好きな食材の集合体！　クセがなく食べやすい味つけ、満足感を得られるボリュームなので、老若男女を問わず人気がありそうです。また、火を通したアボカドがおいしさに貢献しているのもポイント。

使用するきのこ

ブナピー　エリンギ

元気もりもり 菌活キーマカレー

材料（4人分）

ブナシメジ……100g
ブナピー……100g
マイタケ……100g
合いびき肉……300g
玉ねぎ……1/2個
にんじん……1/2本
さやいんげん……10本
サラダ油……小さじ1
オイスターソース
　　……大さじ1

A
　水……250ml
　牛乳……50ml
カレールウ（市販）
　　……4皿分
ご飯……4人分（800g）
茹で卵（あれば）……適量
好みの野菜……適量

1 ブナシメジ、ブナピーは石づきを切り、マイタケとともに粗みじん切りにする。玉ねぎ、にんじん、さやいんげんはみじん切りにする。

2 フライパンにサラダ油を弱火で熱し、1の玉ねぎを入れて飴色になるまでじっくり炒める。

3 2にひき肉、1のきのこ、にんじん、さやいんげんを加えて中火で炒める。肉の色が変わったら、オイスターソースを加えて炒め合わせる。

4 3にAを入れて煮立ったら、火を止めてカレールウを加えて混ぜ、弱火にかけてもったりするまで煮詰める。

5 器にご飯を盛り、4をかける。あれば茹で卵、好みの野菜を添える。

いつものキーマカレーに、腸に効く食物繊維たっぷりのきのこやさやいんげんが加えられています。食べると本当に元気が出そうです。隠し味に加えたオイスターソースで、味に奥行きが出ているのもワザありです！

使用するきのこ

ブナシメジ

ブナピー

マイタケ

霜降りひらたけの
インパクト大! うま味が
豊富なので、早食いせずに
じっくりと味わって!

使用する
きのこ
ヒラタケ

調理時間20分

ヒラタケの南蛮つけうどん

材料(2人分)

ヒラタケ(霜降りひらたけ)
……1パック(100g)

豚バラ薄切り肉
……150g

長ねぎ……1本

サラダ油……大さじ1

A
| だし汁……400ml
| 酒……大さじ3
| しょう油……大さじ3
| みりん……大さじ3
| 砂糖……大さじ1

うどん(冷凍)……2玉

七味唐辛子……少々

1 ヒラタケは小房に分ける。
長ねぎは1cm幅の斜め切りにし、
豚肉は食べやすい大きさに切る。

2 鍋にサラダ油を中火で熱し、1を入れて炒める。肉の色が変わったら、**A**を加えてフタをし、弱火で3分ほど煮る。

3 うどんは解凍し、袋の表示時間通りに茹でて流水で冷やし、水気をきって器に盛る。別の器に2を盛り、七味唐辛子を添える。

トッピングが
目立っていて、まさに
きのこが主役。見た目も
楽しめる一品ですね

ご飯＆めん 5位

⟫⟫ きのこ味噌そぼろドリア ⟪⟪

使用する
きのこ
ブナシメジ　マイタケ

調理時間 20分

材料（4人分）

ブナシメジ……100g
マイタケ……100g
豚ひき肉……200g
にんにく（みじん切り）
　……1片分
サラダ油……大さじ1

A
味噌……大さじ1½
酒……大さじ1
みりん……大さじ1
砂糖……大さじ½

牛乳……400ml
ご飯……4人分（600g）
塩……大さじ½弱
ホールコーン（缶詰）
　……50g
ピザ用チーズ……40g
パセリ（好みで）……適量

1 ブナシメジは石づきを切り、
マイタケとともに小房に分ける。

2 フライパンにサラダ油とにんにくを入れて弱
火で炒める。香りが立ったら1、ひき肉を加え
て炒め、**A**で調味する。

3 鍋に牛乳とご飯を入れて中火にかけ、水分が
なくなるまで煮て、塩を加えて混ぜる。

4 耐熱容器に3、2、コーン、チーズの順にのせ、
オーブントースターで焼き色がつくまで焼く。
好みでみじん切りにしたパセリをのせる。

57

食材のおいしさを
しっかり味わえます。
ペンネを別茹でしない
『ワンパンレシピ』が簡単で
いいですね

◇◇ ヒラタケとなすの秋パスタ ◇◇◇◇◇◇◇◇◇◇◇◇

使用する
きのこ
ヒラタケ

調理時間 20分

材料(2人分)

ヒラタケ
(霜降りひらたけ)
……1パック(100g)
なす……2本
ブロックベーコン
……40g
バター……20g
水……500ml
塩……小さじ 3/4
ペンネ……150g

しょう油
……大さじ 1/2
黒こしょう
……適量
大葉(千切り)
……5枚分

1 ヒラタケは小房に分ける。なすは1.5cm幅の輪切りにし、ベーコンは1cm幅の棒状に切る。

2 フライパンにバターを弱火で熱し、バターが溶けて泡立ったら、1のヒラタケとなすを焼きつける。なすに焼き色がいたらひっくり返して同様に焼き、一度取り出す。

3 2のフライパンに1のベーコンを入れ、弱火で軽く炒める。水、塩、ペンネを加えて中火にし、沸騰したら弱火にしてときどき混ぜながら、ペンネに火を通す(煮詰まりそうになったら、少量の水を足す)。ペンネの袋の表示時間1分前になったら、2、しょう油、黒こしょうを加えて絡める。

4 器に盛り、大葉をのせる。

なすときのこの食感が
とても心地よく、口の中で
踊ります。好みでもっと
ピリ辛にしても◎

ご飯＆めん **7**位

∽∽ きのことなすのジャージャーめん ∽∽

使用するきのこ
マイタケ　エリンギ

調理時間15分

材料（4人分）

マイタケ……100g
エリンギ……100g
なす……2本
長ねぎ……1/2本
豚ひき肉……200g
中華めん（生）……4玉

A
味噌……大さじ2
砂糖……大さじ2
しょう油……大さじ2
酒……大さじ1
豆板醤……小さじ1

B
片栗粉……大さじ1/2
水……大さじ1/2
ごま油……大さじ1

1　マイタケ、エリンギ、なすは1cm角に切る。長ねぎは1/3を白髪ねぎにし、残りを粗みじん切りにする。A、Bをそれぞれ混ぜ合わせる。

2　フライパンを弱火で熱し、ひき肉と1のねぎのみじん切りを炒める。肉の色が変わったら中火にし、1のきのこ、なすを加えて炒める。Aを加えてさらに炒め、Bを加えてとろみをつける。

3　中華めんを袋の表示時間通りに茹でて水気をきり、ごま油を絡める。器に盛り、2をかけて1の白髪ねぎをのせる。

59

きのこ、あさり、トマトと、うま味を豊富に含む食材の組み合わせに脱帽。何度でも食べたい!

◇◇◇ きのことあさりのトマトパスタ ◇◇◇◇◇

使用する きのこ
ブナシメジ ブナピー

調理時間20分

材料(4人分)

ブナシメジ……100g
ブナピー……100g
あさり(殻付き)……300g
玉ねぎ……1個
にんにく……2片
パセリ……適量
ベーコン……4枚
スパゲッティ……400g

オリーブオイル……大さじ1
トマト缶(カット)……600g
固形コンソメ……1/2個
牛乳……200ml
塩……小さじ1
こしょう……少々
粉チーズ……適量

1 あさりは砂抜きして殻をよく洗う。ブナシメジとブナピーは石づきを切って小房に分ける。玉ねぎ、にんにく、パセリはみじん切りにする。ベーコンは食べやすい大きさに切る。

2 スパゲッティは袋の表示時間通りに茹でる。

3 フライパンにオリーブオイルを弱火で熱し、1の玉ねぎ、にんにく、ベーコンを炒める。香りが立ったら中火にし、1のきのこ、あさりを加えてフタをし、蒸し煮にする。あさりの殻があいたら一度取り出し、トマト缶、コンソメを加えて煮詰める。

4 3に牛乳を加えて中火で温め、塩、こしょうで味を調える。あさり、茹で上がったスパゲッティを加えてソースを絡める。

5 器に盛り、粉チーズをたっぷり振り、パセリを散らす。

生どんこを加えることで、
香りも程よく、うま味が
しっかりと感じられる
炊き込みご飯に

ご飯＆めん **9位**

∞ シイタケたっぷり炊き込みご飯 ∞

使用する
きのこ
シイタケ

調理時間 **10分**
※米、炊飯時間を除く

材料（4人分）

シイタケ（生どんこM）
……1パック（120g）
にんじん……60g
鶏もも肉……120g
米……2合

A
| しょう油……大さじ1
| 酒……大さじ2
| 塩……小さじ1
三つ葉……適量

1 シイタケは石づきを切り、軸を縦3mm幅、かさを5mm幅に切る。にんじんは千切りにし、鶏肉は小さめの一口大に切る。

2 米は洗い、30分ほど浸水させる。ザルに上げて水気をきって炊飯器に入れ、**A**を加えて水（分量外）を2合の線まで入れ、1を加えて炊く。

3 炊き上がったら木べらで軽く混ぜる。器に盛り、三つ葉を添える。

秋の食材が満載!
さまざまなおいしさが
ご飯にしみ込んだ、
リッチな味わいの
中華風おこわです

∞ きのことさつまいもの中華風おこわ ∞

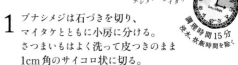

使用する
きのこ
ブナシメジ　マイタケ

調理時間 **15**分
※浸水、炊飯時間を除く

材料(4人分)

ブナシメジ……100g
マイタケ……100g
さつまいも
　……1/2本(100g)
もち米……2合
米……1合
さんま……2尾
しょうが(千切り)
　……1片分

A

しょう油……大さじ2
オイスターソース
　……大さじ1
酒……大さじ1
みりん……大さじ1
塩……小さじ1/3
水……500ml

1 ブナシメジは石づきを切り、マイタケとともに小房に分ける。さつまいもはよく洗って皮つきのまま1cm角のサイコロ状に切る。

2 もち米と米は合わせて洗って30分ほど浸水させる。ザルに上げて水気をきり、炊飯器に入れ、**A**、**1**を加えて炊く。

3 さんまは塩(分量外)を振って水気をふき取る。魚焼きグリルもしくはフライパンで焼き、身をほぐす。

4 炊き上がったら、**3**としょうがを加えて10分ほど蒸らす。

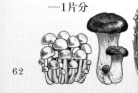

きのこ事典

【エリンギ】

和洋中を問わず、さまざまな料理に使いやすいきのこ。1993年から日本で人工栽培が始まりました。うま味が大変豊富で、水1リットルにエリンギ100gを入れて弱火で30分煮出しただし汁は、昆布だしの22倍という実験報告も。

●**選び方**……軸がピンとしていて弾力があり、白いものを。かさが内側に巻いているものを選んで。

●**栄養・効能**……食物繊維、カリウム、ビタミンDなどを含有。中性脂肪の吸収抑制や免疫力向上も期待できる。

きのこの**スープ**＆鍋

∞ きのこ屋のポタージュ ∞

調理時間15分

材料（4人分）

ブナシメジ……200g

マイタケ……200g

玉ねぎ……1個

飾り用きのこ

| エリンギ……100g

| オリーブオイル
　　……大さじ1/2

| 塩、こしょう
　　……各少々

A

| バター……10g

| オリーブオイル
　　……大さじ1

B

| 水……300ml

| 固形コンソメ……1個

牛乳……400ml

塩……小さじ1弱

こしょう……少々

パセリ（みじん切り）
　　……適量

1 ブナシメジは石づきを切り、マイタケとともに粗みじん切りにする。玉ねぎはみじん切りにする。

2 飾り用きのこを作る。エリンギは1.5cm角に切る。フライパンにオリーブオイルを中火で熱し、エリンギを入れてさっと炒めて塩、こしょうをする。

3 鍋に**A**を入れて中火で熱し、**1**を加えて水分がなくなるまで炒める。**B**を加えて3分ほど煮る。

4 鍋を火から下ろし、牛乳を加える。1/2量ずつミキサーにかけてなめらかにし、鍋に戻し入れる。塩、こしょうで味を調え、温める。器に盛り、**2**を浮かべ、パセリを散らす。

> ネーミングの通り「ザ・きのこ」味ですね。きのこのセレクトも練られていてきのこ愛が詰まったポタージュだと思いました。味もばっちり決まっています！ とろみはひかえめ、さらりとした飲み心地のレシピです。

使用する
きのこ

ブナシメジ　マイタケ　エリンギ

シイタケと鯛のすまし汁

調理時間 10分

材料（2人分）

シイタケ（生どんこ）
……1パック（160g）

鯛（切り身）……2切れ

大根……100g

ゆずの皮……適量

細ねぎ……2本

だし汁……400ml

塩……小さじ1弱

1 シイタケは石づきを切り、2等分に切る。大根は薄いいちょう切りにする。鯛は食べやすい大きさに切り、塩（分量外）を振る。ゆずの皮は千切りに、細ねぎは小口切りにする。

2 鍋にだし汁と大根を入れて弱火にかけ、塩を加える。ひと煮立ちしたら、**1**の鯛とシイタケを加える。

3 シイタケに火が通ったら、器に盛り、ゆずの皮と細ねぎをのせる。

王道の鯛のすまし汁に生どんこを加えたら、味よし、香りよしでグレードアップされた一品に。生どんこの存在感が抜群です。おもてなしの席などでも喜ばれそうですね。

使用する
きのこ

シイタケ

たっぷりきのこの坦々鍋

調理時間20分

材料（4人分）
ブナシメジ……100g
ブナピー……100g
マイタケ……100g
エリンギ……100g
レタス……1/2個
ゴーヤ……1/4本
豚ひき肉……200g

A
おろしにんにく
……小さじ2
豆板醤……小さじ2
味噌……大さじ2
しょう油……大さじ2
長ねぎ（みじん切り）
……大さじ2
水……400ml

1 ブナシメジ、ブナピーは石づきを切り、マイタケとともに小房に分ける。エリンギは1cm幅の細切りにする。

2 レタスはざく切り、ゴーヤは縦半分に切ってワタと種を取り、5mm幅に切る。ひき肉と**A**は混ぜ合わせる。

3 鍋に水、**1**を加えて弱火にかけ、煮立ったら**2**を加える。ゴーヤに火が通ったら、仕上げにひと煮立ちさせる。

料理名通り、坦々味噌を一から作って鍋にしているところに驚きがありますね。手作りした分、ちゃんとおいしい！ ゴーヤもこの煮汁で煮れば、苦みが苦手な人にも食べてもらえるのでは？

使用する
きのこ

ブナシメジ　ブナピー　マイタケ　エリンギ

69

スープ&鍋4位

きのこと鶏肉を
さっぱりいただけるので
箸が進みます。
体調がすぐれないときにも
よさそうですね

❖❖ 鶏肉ときのこの たっぷりしょうが鍋

材料（4人分）

ブナシメジ……100g
ブナピー……100g
マイタケ……100g
エリンギ……100g
鶏もも肉……200g
長ねぎ……1/2本
大葉……6枚
しょうが……2片

A
水……400ml
塩……大さじ1/2

使用する
きのこ

ブナシメジ　ブナピー　マイタケ　エリンギ

調理時間20分

1　ブナシメジ、ブナピーは石づきを切り、マイタケとともに小房に分ける。エリンギは輪切りにする。

2　鶏肉は一口大に切る。長ねぎは1cm幅の斜め切りに、大葉は軸を切り、しょうがは薄切りにする。

3　鍋にAと1を入れて弱火にかける。煮立ったら2を加え、煮えたものから食べる。

まさにきのこが
主役といったスープですね。
パンチのある味で、
食べると体がポカポカに

スープ&鍋 5位

◇◇ きのこの韓国風キムチスープ ◇◇◇◇◇◇◇◇

使用する
きのこ
ブナピー エリンギ

調理時間15分

材料（4人分）

ブナピー……100g
エリンギ……100g
オクラ……6本
油揚げ……1枚
白菜キムチ……100g

A
　水……600ml
　顆粒鶏がらスープの素
　　　……小さじ1
塩……小さじ1/3
コチュジャン……小さじ1
ごま油……小さじ1
しょう油……小さじ1/2

1 ブナピーは石づきを切り、小房に分ける。エリンギは長さを半分に切り、薄切りにする。

2 オクラは茹でて小口切りにする。油揚げは熱湯を回しかけて油抜きをし、短冊切りにする。

3 鍋にA、1を入れ、弱火にかける。きのこが煮えたらキムチ、2の油揚げを加え、ひと煮立ちさせる。

4 塩、コチュジャン、ごま油を加え、しょう油で味を調える。オクラを加え、火を止める。

暑い日にぴったりの
スープ。ラー油や
黒こしょうをたっぷりかけて
汗をかきながら
いただきたい!

∞ ヒラタケの酸辣湯 ∞

使用する
きのこ
ヒラタケ

調理時間 15分

材料(2人分)

ヒラタケ(霜降りひらたけ)
……1パック(100g)
トマト……1個
ニラ……1/3束
ハム……4枚
卵……1個
ごま油……大さじ2

A
水……400ml
しょう油……大さじ1
塩……小さじ1/3

B
酢……大さじ2
片栗粉……大さじ1
ラー油(好みで)……適量

1 ヒラタケは小房に分ける。
トマトはくし形に切り、ニラは
5cm長さに切る。ハムは1cm幅の
細切りにする。卵は溶きほぐす。

2 鍋にごま油を中火で熱し、1のヒラタケ、トマ
ト、ハムを入れてさっと炒める。Aを加えて塩
を溶かす。

3 沸騰したら、1の溶き卵を細く回し入れる。

4 混ぜ合わせたBを加えてとろみをつけ、ニラ
を加えて火を止める。器に盛り、好みでラー
油をかける。

定番のチャウダーよりも
ダイナミックな仕上がりに。
ボリュームもある
「食べるスープ」ですね

スープ&鍋 **7**位

∽ きのことはまぐりの春色チャウダー ∽

使用する
きのこ
ブナシメジ　ブナピー

調理時間15分

材料（4人分）

ブナシメジ
　……100g

ブナピー……100g

はまぐり……200g

スナップえんどう
　……100g

ブロッコリー
　……1/2株

ベーコン
　……3枚(60g)

A
| 酒……100ml
| 水……100ml

バター……30g

B
| 牛乳……600ml
| 薄力粉
　　……大さじ3

塩……小さじ1

こしょう……適量

パセリ(みじん切り)
　……適量

1　ブナシメジ、ブナピーは石づきを切り、小房に分ける。スナップえんどうは筋を取り、塩茹でして斜め半分に切る。ブロッコリーは小房に分け、塩茹でする。はまぐりは砂抜きをして殻をよく洗う。ベーコンは1cm幅に切る。

2　フライパンにはまぐりと**A**を入れて強火にかける。はまぐりの殻があいたら取り出す。8個を飾り用に取っておき、残りは殻から身を外す。

3　2のフライパンにバター、ベーコン、きのこを入れ、中火にかける。よく混ぜ合わせた**B**を加え、ひと煮立ちしたら塩、こしょうで味を調える。

4　スナップえんどう、ブロッコリー、2のはまぐりの身を入れて混ぜ合わせる。器に盛り、飾り用のはまぐりをのせ、パセリを散らす。

73

レシピにこだわりを
感じる、本場静岡味の
おでん。きのこも面白い
形での登場ですね

使用する
きのこ
エリンギ ブナシメジ

調理時間60分

◇◇ コトコト煮込んだ
きのこ de しぞーかおでん

材料（4人分）

エリンギ……200g
ブナシメジ……100g
牛すじ串
（下茹でしたもの）……8本
大根……400g
卵……4個
板こんにゃく
……100g
焼きちくわ……2本
さつま揚げ……4個
結びしらたき
（下茹でしたもの）……4個
黒はんぺん
（つみれでも可）……8枚

A
だし汁
……1200ml
しょう油
……大さじ5
砂糖……大さじ2
みりん
……大さじ3
酒……大さじ2
だし粉（いわし）
……適量
青海苔……適量
練り辛子……適量

1 エリンギは1cm幅の輪切りにし、串に刺す。ブナシメジは石づきを切り、小房に分ける。

2 大根は2cm幅の輪切りにして厚めに皮をむき、十字に隠し包丁を入れ、下茹でする。卵は固めに茹でて、殻をむく。板こんにゃくは表面に切り込みを入れて三角に切り、さっと下茹でし、串に刺す。

3 焼きちくわは斜め半分に切って串に刺し、さつま揚げは食べやすい大きさに切って熱湯を回しかけ、油抜きする。

4 鍋にA、きのこを入れ、中火にかける。沸騰したら2、結びしらたき、牛すじ串を加え、弱火で30分煮る。3、黒はんぺんを串に刺して入れ、さらに15分ほど煮る。

5 だし粉、青海苔を振りかけ、練り辛子をつけて食べる。

具材たっぷりで立派な
メイン料理に。
流行りの発酵食・酒粕で、
体の芯から温まります

スープ＆鍋 **9**位

◇◇ きのこたっぷり酒粕鍋 ◇◇◇◇◇◇◇◇◇◇

使用する
きのこ
ブナシメジ ブナピー マイタケ

調理時間 20分

材料（4人分）

ブナシメジ……100g
ブナピー……100g
マイタケ……100g
白菜……1/4個
春菊……80g
にんじん……1本
れんこん……80g
長ねぎ……1/2本
ぶり……4切れ
絹ごし豆腐……1丁

A
　水……800ml
　昆布……10cm

B
　酒粕(練り粕)……150g
　白味噌……大さじ4
薄口しょう油
　……大さじ1
塩……大さじ1/2～
型抜きにんじん(あれば)
　……適量

1 ブナシメジとブナピーは石づきを
切り、マイタケとともに小房に分ける。
白菜は食べやすい大きさの斜めそぎ切り
に、春菊は4cm長さに切る。にんじんはピーラー
で薄くリボン状にし、れんこんは皮をむいて輪切
りに、長ねぎは斜め切りにする。ぶりは一口大に
切り、豆腐は食べやすい大きさに切る。

2 土鍋に**A**を入れて火にかけ、昆布の周りに細かい
泡が立ってきたら、昆布を取り出す。

3 ボウルに**B**を入れて混ぜ合わせ、**2**のだし汁を少
し注ぎ入れてゆるくのばす。**2**の鍋に加えてよく
混ぜ合わせ、中火にかける。**1**を加えてアクを取
りながら具材がやわらかくなるまで煮て、
しょう油、塩を加えて味を調える。

75

きのこが
いろいろ入った
ボリューム鍋。豚肉の
アクをしっかり取ってから
長いもを加えるのがポイント

≫ きのこ山のとろろ鍋 ≪

使用する
きのこ

ブナシメジ　ブナピー　マイタケ　エリンギ

調理時間 15分

材料（4人分）

ブナシメジ……100g
ブナピー……100g
マイタケ……100g
エリンギ……100g
白菜……1/4個
豚バラ薄切り肉
　……200g
長いも……600g

A
めんつゆ（3倍濃縮タイプ）
　……200ml
水……400ml

1 ブナシメジ、ブナピーは石づきを切り、マイタケとともに小房に分ける。エリンギは食べやすい大きさに切る。白菜は4cm長さのざく切り、豚肉は3cm長さに切る。長いもはすりおろす。

2 鍋に**A**と**1**のきのこを入れて弱火にかけ、煮立ったら中火にして**1**の白菜、豚肉を加えて煮る。

3 豚肉に火が通ったら、長いもを加えてひと煮立ちさせる。フタをして火を止め、蒸らす。

3

プロのスペシャルレシピ

有名レストランのシェフや、人気料理研究家による、
きのこレシピをご紹介。ふだん使いのきのこが特別な一品になります。
記念日やおもてなしのシーンで、ぜひお試しを。

料理製作

本多哲也シェフ
イタリアンレストラン
「リストランテホンダ」
東京都港区北青山2-12-35 1F

松本一平シェフ
フレンチレストラン「ラペ」
東京都中央区日本橋室町1-9-4 B1F

室田拓人シェフ
フレンチレストラン「ラチュレ」
東京都渋谷区渋谷2-2-2 青山ルカビル B1F

浜内千波さん
（プロフィールはP21に）

comment

どんこ、牡蠣、ほうれん草で作る、リッチな味の大人のグラタンです。どんこのかさはグラタンの中に入れずに上にのせることで、肉厚な見た目が食欲をそそり、香ばしい香りも引き立ちます。ワインとともにどうぞ。

シイタケと牡蠣のグラタン

本多哲也シェフ

調理時間45分

材料（1〜2人分）

シイタケ（生どんこ）
　　……2個（60g）
牡蠣（むき身）……2個
ベーコン……1½枚
ほうれん草……35g
マカロニ……35g
オリーブオイル……適量
にんにく（潰す）……½片
白ワイン（または酒）
　　……50ml
生クリーム……150ml
粉チーズ……大さじ4
塩、こしょう……各適量
ピザ用チーズ……50g
パセリ（みじん切り）
　　……適量

1 シイタケは軸を切り、かさを半分に切る。軸はベーコンとともに千切りにする。

2 ほうれん草は下茹でして食べやすい長さに切り、マカロニは袋の表示時間通りに茹でる。

3 フライパンにオリーブオイルを弱火で熱し、**1**のベーコン、にんにくを炒める。香りが立ったら**1**のシイタケの軸を加えて炒め、さらに香りが立ったらシイタケのかさと牡蠣を加えて炒める。焼き色がついたら、シイタケのかさを取り出す。

4 **3**に白ワインを入れてアルコール分をとばし、生クリームを加えて軽く煮詰める。**2**と粉チーズを加え、塩、こしょうで味を調える。

5 耐熱皿に**4**を入れてピザ用チーズを散らし、**3**のシイタケのかさをのせる。200℃に予熱したオーブンで焼き色がつくまで10分ほど焼く。仕上げにパセリを振る。

使用する
きのこ

シイタケ

comment

どんこのうま味とフランス・リヨンの郷土料理「ポテト・リヨネーズ」のおいしさを春巻きの皮に閉じ込めました。炒めたズッキーニとスライスベーコン、チーズ、さっと炒めたどんこのスライスの順に置いて巻いても。切り口がカラフルに仕上がります。

∞ シイタケ・じゃがいも・ベーコンの揚げ春巻き

室田拓人 シェフ

調理時間30分

材料（2人分）

シイタケ（生どんこ）……2個（60g）

じゃがいも……1個

ベーコン……1枚

玉ねぎ……1/8個

にんにく……0.5g

イタリアンパセリ（またはパセリ）……適量

くるみ……適量

オリーブオイル……適量

塩、黒こしょう……各適量

春巻きの皮……4枚

A

| 片栗粉……大さじ1

| 水……大さじ1

サラダ油……適量

1 シイタケは軸を切り、かさと軸を3mm幅の薄切りにする。じゃがいもとベーコンは3mm幅の短冊切りにする。玉ねぎは薄切りにし、にんにくとイタリアンパセリ、くるみは粗みじん切りにする。

2 フライパンにオリーブオイルを中火で熱し、**1**のベーコンをさっと炒め、シイタケとじゃがいもを加えてさっと炒める。**1**の玉ねぎとにんにくを加えてしんなりするまで炒め、塩、黒こしょうで味を調える。イタリアンパセリとくるみ加えて絡め、粗熱を取る。

3 春巻きの皮1枚に**2**の具を1/4量のせて巻き、巻き終わりを**A**の水溶き片栗粉でとめる。残りも同様にして巻く。

4 フライパンに深さ1cmほどサラダ油を注ぎ、中火で加熱する。**3**を入れ、皮がこんがりと色づくまで揚げ焼きにする。

使用するきのこ

シイタケ

Chef's Recipe

comment

どんこのうま味がたっぷりしみ出た赤ワインクリームソースが後を引きます。パプリカパウダーは色づけのために使用しているのでお好みでOK。メープルシロップはコク出しのための隠し味です。

∞ シイタケの ビーフストロガノフ 松本一平シェフ

調理時間30分

材料（2人分）

シイタケ（生どんこ）……1パック（160g）
牛もも薄切り肉……100g
玉ねぎ（みじん切り）……1/2個分
にんにく（みじん切り）……1/2片分
オリーブオイル……適量

A
　塩、こしょう……各少々
　パプリカパウダー（好みで）……1g
薄力粉……少々
赤ワイン……100ml

B
　チキンブイヨン……80ml
　生クリーム……大さじ3
　メープルシロップ……小さじ2
塩……少々

バターライス
　バター……5g
　米……1合
　水（または薄めのチキンブイヨン）
　　……200ml
　ローリエ……1枚
　塩、こしょう……各少々
パセリ（みじん切り）……少々

1 シイタケは軸を切ってかさと軸を薄切りにする。フライパンにオリーブオイルを弱火で熱してシイタケを炒める。玉ねぎとにんにくの各半量を加えて絡め、香りをつける。

2 牛肉は2cm幅に切り、**A**を振って薄力粉をまぶす。フライパンにオリーブオイルを中火で熱して炒め、焼き色がついたら取り出す。

3 2のフライパンに赤ワインを入れて1/4量になるまで煮詰め、1、2を加え、**B**を注いで5〜6分煮て、塩で味を調える。

4 バターライスを作る。鍋にバターを弱火で熱し、1の残りの玉ねぎとにんにくを入れて炒める。玉ねぎが透明になったら米を入れ、水、ローリエを加え、塩、こしょうをする。フタをして弱火で10分炊き、火を止めて10分蒸らす。

5 器に4を盛り、3をかけ、パセリを振る。

使用する
きのこ

シイタケ

comment

マイタケのタンパク質分解酵素がお肉をやわらかくし、エリンギが食感の演出と、ボリュームアップをしてくれます♪

∞ きのこたっぷり！
栄養満点ハンバーグ

浜内千波さん

材料（4人分）

マイタケ……50g
エリンギ……200g

A
| 合いびき肉……300g
| 塩……小さじ1/3
| こしょう……少々
| 卵……1個

白ごま……大さじ2
オリーブオイル
　……大さじ1

B
| しょう油……大さじ2
| 砂糖……大さじ2
| 酒……大さじ2

ベビーリーフ……適量

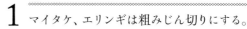

調理時間15分

1 マイタケ、エリンギは粗みじん切りにする。

2 ボウルに**A**、**1**を入れ、粘りが出るまでよく練り混ぜる。4等分にして小判形に形作り、ごまを片面につける。

3 フライパンにオリーブオイルを中火で熱し、**2**のごまをつけた面を下にして並べる。こんがり焼き色がついたら裏返してフタをし、弱火で5分ほど蒸し焼きにし、一度取り出す。

4 **3**のフライパンに**B**を入れ、中火にかける。ひと煮立ちしたら**3**を戻し入れて絡める。

5 **4**をソースごと器に盛り、ベビーリーフを添える。

使用する
きのこ

マイタケ　エリンギ

85

Chinami's Special Recipe

comment

霜降りひらたけは香りがとても強い食材。いつもの食材にプラスするだけで味と見た目がワンランク
アップします。

86

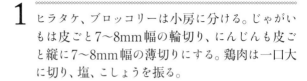

調理時間20分

～ ヒラタケのグリルドサラダ ～

浜内千波さん

材料（2人分）

ヒラタケ（霜降りひらたけ）
……1パック（100g）

ブロッコリー……1株

じゃがいも……1個

にんじん……小1本

鶏もも肉……200g

塩……小さじ1/3

こしょう……少々

A

酢……小さじ1

粒マスタード
……小さじ1

塩……小さじ1/2

こしょう……適量

オリーブオイル
……大さじ1

オリーブオイル
……大さじ2

レモン（くし形切り）
……1/2個分

1 ヒラタケ、ブロッコリーは小房に分ける。じゃがいもは皮ごと7～8mm幅の輪切り、にんじんも皮ごと縦に7～8mm幅の薄切りにする。鶏肉は一口大に切り、塩、こしょうを振る。

2 ボウルに**A**のオリーブオイル以外の材料を入れて混ぜ合わせる。最後にオリーブオイルを入れてよく混ぜ、乳化させる。

3 フライパンにオリーブオイル大さじ1を中火で熱し、鶏肉、にんじん、じゃがいも、ブロッコリー、ヒラタケの順に入れ、適宜、残りのオリーブオイルを加えながら焼く。焼けたものから器に盛り、**2**のドレッシング、レモンを添える。

使用する
きのこ

ヒラタケ

comment

はんぺんを使っているので、冷めてもかたくなりにくく、お弁当にもおすすめ♪ きのこの歯ごたえで満腹感も得られます。

∽ きのこ入り♪ ヘルシーつくね

浜内千波さん

調理時間20分

材料（4人分）

ブナシメジ……100g
エリンギ……100g
マイタケ……100g
鶏ひき肉……200g
塩……少々
こしょう……少々
はんぺん……1枚
卵……1個
片栗粉……大さじ2
サラダ油……大さじ2

A
| しょう油……大さじ2
| 砂糖……大さじ2
| 水……大さじ2

1 ブナシメジは石づきを切り、12〜16等分の小房に分ける。エリンギは食べやすい大きさに切る。マイタケはみじん切りにする。卵は割りほぐす。

2 ひき肉に塩、こしょうをし、ちぎったはんぺんを加え、粘りが出るまでよく練り混ぜる。1の溶き卵を少しずつ加えて混ぜたら、1のマイタケ、片栗粉を加えて混ぜる。12〜16等分にし、ブナシメジを握りながらぴったりとくっつけ、だ円形に整える。

3 フライパンにサラダ油を中火で熱して1のエリンギと2を入れ、両面を色よく焼く。火が通ったらエリンギは串に刺す。

4 3を器に盛り、煮詰めたA、塩（分量外）を添える。

使用する
きのこ

ブナシメジ

エリンギ

マイタケ

Chinami's Special Recipe

comment

きのこと豚肉に含まれるビタミンB群がエネルギー補給を強力にサポート。体調管理の難しい季節にもピッタリな一品です♪

きのこのスタミナ回鍋肉

浜内千波さん

調理時間15分

材料（4人分）
ブナシメジ……200g
マイタケ……200g
豚こま切れ肉……200g
ピーマン……2個
パプリカ（赤）……1/2個
長ねぎ……1/2本

A
　味噌……大さじ3
　ラー油……少々
　砂糖……小さじ2
　水……大さじ2
サラダ油……小さじ2
塩……適量
こしょう……適量
七味唐辛子（好みで）
　……適量

1 ブナシメジは石づきを切り、マイタケとともに大きめに分ける。豚肉はマイタケと合わせて5分ほどおき、塩、こしょうをする。ピーマン、パプリカは一口大に切り、長ねぎは斜め薄切りにする。**A**は混ぜ合わせる。

2 フライパンにサラダ油を中火にかけ、**1**の豚肉を焼きつけ、一度取り出す。

3 フライパンにブナシメジ、マイタケ、ピーマン、パプリカ、長ねぎの順に入れ、中火で炒める。**A**を加えてざっと炒めたら**2**を戻し、全体に味を絡める。器に盛り、好みで七味唐辛子をかける。

使用する
きのこ

ブナシメジ　　マイタケ

◇◇ ブナピーと根菜の味噌ポタージュ風 ◇◇◇◇◇◇◇
浜内千波さん

使用する
きのこ
ブナピー

調理時間10分

材料(4人分)

ブナピー……100g	味噌
にんじん……100g	……大さじ2²⁄₃
ごぼう……100g	削り節
水……200ml	……1パック(3g)
豆乳……400ml	

1 ブナピーは石づきを切り、小房に分ける。
にんじんはいちょう切りにし、ごぼうは薄い小口切りにする。

2 鍋に水と1を入れ、弱火で3分ほど加熱する。豆乳を入れてひと煮立ちしたら、味噌を溶き入れる。

3 器に盛り、削り節をかける。

comment

ブナピーの色に合わせた白いポタージュ。きのこと豆乳がマッチした、簡単なのに奥深い味わいです。

Chinami's Special Recipe

◇◇ ヒラタケとさつまいもの炊き込みご飯 ◇◇◇◇◇
浜内千波さん

使用するきのこ
ヒラタケ
調理時間30分

材料（2人分）

ヒラタケ（霜降りひらたけ）
……1パック（100g）

さつまいも……中1本（150g）

ミニトマト……6個

米……2合

A
| 水……360ml
| 塩
| ……大さじ1/2

黒こしょう
……適量

comment

だしを入れなくてもとても味の濃い仕上がり。
もちろん炊飯器でも上手に炊けます。

1 米は洗い、ザルに上げる。

2 ヒラタケは小房に分け、さつまいもは皮つきのまま
5mm幅の半月切りにする。ミニトマトは半分に切る。

3 鍋に1の米、**A**を入れてよく混ぜ、2のヒラタケ、さ
つまいもをのせる。フタをして沸騰するまで中火で加
熱し、沸騰後弱火で15分加熱する。火を止める直前
にミニトマトを入れ、10分蒸らし、黒こしょうをふる。

4 全体をよく混ぜ、器に盛る。

【ヒラタケ】

日本産のヒラタケはかつて「シメジ」として売られていたこともありました。ホクト株式会社が開発した「霜降りひらたけ」は、日本産ヒラタケと西洋ヒラタケの交配種で、かさが大きくて黒く、やわらかくてしかも歯切れよい食感。うま味成分が豊富なのが特徴です。

●**選び方**……全体的にハリがあるものを。湿っているものは避けて。

●**栄養・効能**……食物繊維、ビタミンDなどをバランスよく含む。きのこの中ではビタミンB群が豊富。

4

きのこレシピ ベスト 10
～おつまみ・作りおき～

お酒のお供と、便利な作りおきレシピをお届けします。
ホクト株式会社のサイトで特に人気が高かったメニューを
きのこ大好き芸人の坂井きのこさんが作って食べてランキング。
クスッと笑える、楽しいコメントにも注目です。

選考者
坂井きのこさん

太田プロダクション所属のお笑い芸人。鉄道オタクの鈴木メトロさんと2018年にお笑いコンビ「各駅マッシュ」を結成。800種類ものきのこがわかる、芸能界一のきのこフリークとして知られ、テレビやインターネットでその知識を披露している。きのこの産地・長野県中野市のサイト「なかのきのこ新聞」で「坂井きのこのノコノコ菌活道中」を連載中。
https://nakano-kinoko.com/

趣味はもちろん（？）きのこ狩り、きのこ栽培、きのこ料理。

きのこの **おつまみ**

∞ ヒラタケと なすの山椒炒め

調理時間10分

材料（2人分）

ヒラタケ（霜降りひらたけ）
　……1パック（100g）
なす……2本
長ねぎ……1/4本
みょうが……2個
ごま油……大さじ1
しょうが（みじん切り）
　……1片分

A
　ポン酢しょう油
　　……大さじ2
　砂糖……大さじ1/2
　粉山椒……小さじ1/2

1 ヒラタケは小房に分ける。なすはヘタを取って縦4等分に切る。長ねぎは千切り、みょうがは薄い輪切りにする。

2 フライパンにごま油を弱火で熱し、しょうがを炒める。香りが立ったら、なすを加えて焼く。なすに焼き色がついたら、ヒラタケを加えて炒め、**A**で調味する。器に盛り、みょうがを散らし、ねぎをのせる。

山椒の風味が効いていてお酒が何杯もいけちゃう、やみつきになる味つけ！ うますぎマッシュ！ なすが吸ったヒラタケのうま味が口の中全体に広がります。これは菌メダル級！ 何度も作りたいレシピです！

使用する
きのこ

ヒラタケ

作りやすく、
パーティーでも
大活躍しそう！
きのこ嫌いなお子さんも
喜んで食べてくれる一品

∞ 2種のきのことブロッコリーの ∞∞∞∞∞∞ 簡単ラザニア

使用する
きのこ
マイタケ エリンギ

調理時間30分

材料（4人分）

マイタケ……100g
エリンギ……100g
ブロッコリー
……1/2株
ミートソース
　合いびき肉
　　……200g
　トマトケチャップ
　　……大さじ4
　ウスターソース
　　……大さじ2
　砂糖、
　おろしにんにく
　　……各小さじ1

ホワイトソース
　バター……20g
　薄力粉
　　……大さじ2
　牛乳……300ml
　塩……小さじ1/2
　こしょう
　　……適量
バター……適量
餃子の皮
　……12枚
溶けるチーズ
　……40g

1 マイタケとブロッコリーは小房に分け、エリンギは5〜7mm幅の輪切りにする。

2 ミートソースを作る。耐熱ボウルにミートソースの材料を入れて軽く混ぜる。ラップをふんわりとかけ、電子レンジで3分ほど加熱する。レンジから取り出して全体を混ぜ、再度ラップをふんわりとかけ、3分ほど加熱する。水分が多ければ再度30秒ずつ加熱する。

3 ホワイトソースを作る。鍋にバターを入れ、1を加えて中火で炒める。火が通ったら薄力粉を加えて混ぜる。粉っぽさがなくなったら牛乳をダマにならないよう少しずつ加え、塩、こしょうをし、フタをして5分ほど中火で煮る。

4 耐熱皿にバターを薄くぬり、2、3の順にそれぞれ1/3量を広げ、餃子の皮6枚を敷く。これを繰り返して残りの2、3を順に広げ、チーズをのせてオーブントースターでこんがりと焼く。

きのこの風味が
うまいタケ！
大葉とチーズが
アクセントになっていて、
揚げ物なのにさっぱり

おつまみ3位

∞ きのこと長いもの春巻き ∞

使用する
きのこ
ブナピー　マイタケ

調理時間20分

材料(4人分)

ブナピー……100g
マイタケ……100g
長いも……250g
大葉……10枚
スライスチーズ……5枚
塩……小さじ1/2
黒こしょう……少々
春巻きの皮……10枚

A
片栗粉……大さじ1
水……大さじ1
サラダ油……適量
大葉(飾り用)……適量

1 ブナピーは石づきを切り、
マイタケとともに小房に分ける。
長いもは4cm長さの短冊切りにする。
スライスチーズは半分に切る。

2 耐熱ボウルに、きのこ、長いも、塩、黒こしょ
うを入れてラップをふんわりとかけ、電子レ
ンジで4分ほど加熱する。

3 春巻きの皮に、スライスチーズ、2の具の1/10
量、大葉をのせて巻き、巻き終わりをAの水
溶き片栗粉でとめる。残りも同様にして巻く。

4 フライパンにサラダ油を1cm深さに注ぎ、中
火で加熱する。3を入れ、両面に焼き色が
つくように揚げ焼きにする。

きのこのプリッ、
筍のシャクッ。
いろんな食感が楽しめる!
これはワインに合う〜

∞ 4種のきのこと アスパラガスのアヒージョ

使用する
きのこ
ブナシメジ ブナピー マイタケ エリンギ

調理時間 15分

材料(4人分)

ブナシメジ……100g
ブナピー……100g
マイタケ……100g
エリンギ……50g
グリーンアスパラガス
……4本
茹で筍……小1個
パプリカ(赤)……1/4個

A

にんにく(みじん切り)
……1片分
オリーブオイル
……200ml
塩……小さじ1弱
赤唐辛子(輪切り)
……少々

1 ブナシメジ、ブナピーは
石づきを切り、マイタケとともに小房に分ける。
エリンギは輪切りにする。

2 アスパラガスは長さを4等分にし、筍は食べ
やすい大きさに切る。パプリカは乱切りにす
る。

3 スキレット鍋やフライパンにAを加え、弱火
にかける。にんにくがきつね色になったら、1
と2を加え、5分ほど中火にかける。

どんことチーズの
もちもち感が
とってもおいしいタケ〜。
サンドイッチの
具にしてもいいかも!

おつまみ **5位**

∽ シイタケとモッツァレラチーズのマリネ ∽

使用する
きのこ
シイタケ

調理時間10分

材料(4人分)

シイタケ(生どんこ)
……1パック(160g)
紫玉ねぎ……50g
モッツァレラチーズ
……90g

A

オリーブオイル
……大さじ2
レモン汁……大さじ1
粒マスタード
……小さじ1

はちみつ……小さじ1/2
塩……小さじ2/3

塩……適量
レモン、
イタリアンパセリ(好みで)
……各適量

1 シイタケは4等分に切り、
フライパンで焼き色がつくまで
中火で焼く。紫玉ねぎは薄切りにし、
塩で軽くもみ洗いした後、水気をしぼる。
モッツァレラチーズは食べやすい大きさに切
る。

2 ボウルに**A**を入れて混ぜ合わせ、1を加えて
和える。

3 器に盛り、好みでレモン、イタリアンパセリを
飾る。

101

素晴らしいアイデア！
香ばしいごまや
青海苔に加え、
一味やふりかけを混ぜても
絶対にうまいっしゅ！

使用する
きのこ
ヒラタケ

調理時間20分

◇◇ ヒラタケの変わり揚げ ◇◇◇◇◇◇◇◇◇◇

材料（2人分）

ヒラタケ（霜降りひらたけ）
……1パック（100g）

ごま衣
薄力粉……大さじ3
水……大さじ4
白ごま……小さじ1
黒ごま……小さじ1

青海苔衣
薄力粉……大さじ3
水……大さじ4
青海苔……小さじ1
揚げ油……適量

天つゆ
めんつゆ（2倍濃縮タイプ）
……20ml
水……20ml
大根おろし……20g

1 ヒラタケは小房に分ける。

2 ごま衣、青海苔衣の材料をそれぞれ混ぜる。

3 フライパンに揚げ油を170℃に熱し、**1**を半量ずつ**2**の衣につけ、きつね色になるまで揚げる。

4 器に盛り、天つゆ、大根おろしを添える。

材料をどんこにのせて
焼けるのをマツタケ！
簡単で見た目もオシャレ。
土台がきのこなので
糖質カット！

おつまみ**7**位

使用する
きのこ

シイタケ

∞ シイタケのピザ風 ∞

調理時間10分

材料（2人分）

シイタケ（生どんこ）
……1パック（160g）
スライスチーズ……20g
トマト……1個

A

| トマトケチャップ
……大さじ2
| しょう油
……小さじ1/2
| おろしにんにく
……小さじ1/4〜1/3
黒こしょう……少々
パセリ（みじん切り）
……適量

1 シイタケは軸を切る。チーズは適当な大きさにカットする。

2 トマトは種を取って5mm角に切り、**A**と合わせる。

3 シイタケの内側に2を等分にのせ、チーズをのせる。オーブントースターでシイタケに火が通るまで5分ほど焼く。黒こしょう、パセリをのせる。

103

ゆずこしょう×きのこが
ここまで合うとは！
カンペキな組み合わせ。
ハイボールが
ぐんぐん進んじゃう

∞ きのことかぶの
ゆずこしょうマリネ

使用する
きのこ

ブナピー マイタケ エリンギ

調理時間20分

材料（4人分）

ブナピー……100 g
マイタケ……100 g
エリンギ……100 g
かぶ……大2個
パプリカ（赤）……1/2個
生鮭……3切れ

A
| ゆずこしょう
| ……小さじ2
| 酢……大さじ2
| オリーブオイル
| ……大さじ3
イタリアンパセリ（飾り用）
……適量

1 ブナピーは石づきを切り、マイタケとともに小房に分ける。エリンギは長さを半分にし、薄切りにする。かぶは皮をむき、茎を少し残して12等分のくし形に切る。パプリカは食べやすい大きさの乱切りにし、鮭は一口大に切る。ボウルに**A**を入れ、混ぜ合わせる。

2 オーブントースターで、1のきのこ、かぶ、パプリカに軽く焦げ目がつく程度に4〜5分焼き、鮭はしっかり火が通るまで5〜6分焼く。

3 焼き上がったら**A**に漬け、味をなじませる。

まるでお肉みたいな
歯ごたえ！
白味噌や八丁味噌で
アレンジしたら
ましゅましゅ良くなると
思いマッシュ！

おつまみ **9位**

使用する
きのこ

シイタケ

◇◇ シイタケの大葉味噌焼き ◇◇◇◇◇◇◇◇◇

調理時間 15分

材料(2人分)

シイタケ (生どんこ)
……1パック (160g)
大葉……20枚
しょうが……1片
ごま油……大さじ1

A
┌ 味噌……大さじ3
│ みりん……大さじ2
│ 酒……大さじ2
└ 砂糖……大さじ2
白ごま……大さじ1
大葉 (飾り用)……適量

1 シイタケは軸を切る。
切った軸と大葉、しょうがは
みじん切りにする。

2 フライパンにごま油を弱火で熱し、1のしょう
がを炒める。香りが立ったら、1の軸と大葉、
Aを加えて炒める。

3 シイタケの内側に2をぬり、オーブントースタ
ーでシイタケに火が通るまで5分ほど焼く。器
に盛り、白ごまを振る。

箸休めにぴったり。
マイタケの風味が
全体の味を引き締めている!
この料理には
参ッタケ〜

◇◇ レタスときのこのやみつきナムル ◇◇◇◇

使用する
きのこ

ブナシメジ　マイタケ

調理時間10分

材料（4人分）

ブナシメジ……100g
マイタケ……100g
にんじん……30g
レタス……100g

A
　ごま油……大さじ1
　砂糖……小さじ1/2
　しょう油……小さじ1/2

おろしにんにく
　……小さじ1/2
塩……小さじ1/4
こしょう……少々
一味唐辛子……少々
白ごま……小さじ1

1　ブナシメジは石づきを切り、マイタケとともに小房に分ける。にんじんは千切りにし、レタスは太めの千切りにする。

2　耐熱ボウルに1のきのこ、にんじん、**A**を入れる。ラップをふんわりとかけ、電子レンジで3分ほど加熱する。

3　2に1のレタス、一味唐辛子、ごまを入れて和える。

僕の "菌グ・オブ・キノコ"

2歳の頃から祖父と山に行き、きのこ狩りをしています。今まで沢山の天然きのこを食べてきましたが、中でも一番美味しかった "**菌グ・オブ・キノコ**" は「香茸」。名前の通り、香りがとても良く、たとえるなら甘～いしょう油のよう。僕は香水にしたいくらい好きです（笑）。僕だけでなく、きのこ狩りをする人は松茸よりも香り高いと言います。

見た目は、黒くてかさが大きく表面には鱗のような突起があるので、知らない人には「これ絶対に毒がある！」と言われがち。実際に生食は厳禁なので、必ず茹でこぼしてから料理に使います。僕は一度香茸を天日干しにしてから**使いマッシュ！**乾燥させることで保存食にもなり、うま味もアップして香茸特有の香りが強くなります。

オススメの調理法は炊き込みご飯。炊けた瞬間に部屋中に香茸の香りが広がります（本当に香りすぎて、ご菌所さんまで届いてしまうレベル）。食感は肉厚で**シャクッ、プリッ**としていて、口の中に入れると干し椎茸の何十倍もの深い味がジュワ～と広がります。

幻のきのこといわれますが、地方の直売所などで見かけたら是非買ってみてくださいね。

保存期間
冷蔵**3**日

酢きのこ

材料（作りやすい分量）

ブナシメジ……200g

エリンギ……200g

A
> 酢……100ml
> 顆粒コンソメ
> ……大さじ1/2
> はちみつ……大さじ1
> 赤唐辛子……1本
> 塩……小さじ1/2

オリーブオイル……80g

1 ブナシメジは石づきを切り、小房に分ける。エリンギは長さを半分に切り、5mm幅に切る。

2 鍋に**A**を入れてひと煮立ちさせ、バットに入れる。

3 フライパンにオリーブオイルを中火で熱し、**1**を入れて炒める。しんなりしたら、熱いうちに**2**に入れて混ぜる。ラップでぴったりと覆い、30分ほど漬ける。

使用する
きのこ

ブナシメジ　エリンギ

調理時間10分
漬ける時間を除く

ピリ辛と酸味が効いていてきのこちゃん達にすごく合っているので、一度食べたら箸が止まりません。多めに作ってご近所にお裾分けしたいくらいです(笑)。お料理にちょっと足すだけで洋風になるのも**うれしめじ！**

酢きのこ 活用レシピ

きのこタルタルチキン南蛮

調理時間15分

材料（2人分）

A
- 酢きのこ……100g
- マリネ液……70ml

B
- 酢きのこ（粗みじん切り）……40g
- 茹で卵（粗みじん切り）……1個分
- マヨネーズ……大さじ2
- 粗挽きこしょう（好みで）……適量

- 鶏むね肉……1枚
- 塩、こしょう……各少々
- 薄力粉……大さじ1
- 溶き卵……1個分
- 揚げ油……適量
- レタス、トマト（好みで）……各適量

1 鶏肉は皮を除いて厚みを半分にするようにそぎ切りにする。めん棒で軽くたたいて厚みを均一にし、塩、こしょうをする。

2 1に薄力粉をまぶし、溶き卵にくぐらせる。フライパンに揚げ油を170℃に熱し、きつね色になるまで揚げる。

3 バットに**A**を入れ、**2**が熱いうちに加える。たまに裏返しながら10分ほど両面を漬ける。

4 3の鶏肉を食べやすい大きさに切って器に盛り、混ぜ合わせた**B**をかける。3の酢きのこを添え、好みでレタスとトマトを添える。

きのこたっぷりのタルタルソースがお肉に絡んでお口の中がハッピーきのこ！ 酢きのこのおかげで脂っこくなく、ぱくぱく食べられる！

保存期間
冷蔵7日

ヒラタケの塩きのこ

材料（作りやすい分量）

ヒラタケ（霜降りひらたけ）
……2パック（200g）

粗塩（※精製塩の場合）
……小さじ2（※小さじ1）

使用する
きのこ

ヒラタケ

調理時間10分

1 ヒラタケは小房に分ける。

2 1を熱湯でさっと茹でて水気をよくきる。熱いうちに清潔な保存瓶に入れて塩を振り、冷めたら冷蔵庫で1日ほど味をなじませる。

塩だけのシンプルな味つけだから、ヒラタケのうま味がググッと出ています！ この保存方法は、天然きのこでも定番なんです。きのこ自体のおいしさや食感など、ポテンシャルを引き上げ**マッシュ！**

じゃが塩きのこ ◇◇◇◇◇◇◇◇◇◇◇◇◇◇◇◇◇◇◇ 調理時間20分 ◇◇◇◇◇◇◇◇

材料（2人分）

ヒラタケの
塩きのこ……60g
じゃがいも……3個
玉ねぎ……1/2個
さやいんげん……4本
サラダ油……小さじ2

水……360ml
顆粒鶏がら
スープの素
　……小さじ1
粗挽き黒こしょう
　……少々

1 じゃがいもは皮をむき、6等分に切る。玉ねぎはくし形に切る。

2 さやいんげんは熱湯で茹で、冷水にとって水気をきり、長さを3等分に切る。

3 鍋にサラダ油を中火で熱して**1**を炒める。水を加えて強火にし、沸騰したら鶏がらスープの素、軽く汁気をきった塩きのこを加える。

4 フタをして弱火で10分ほど煮たら**2**を加え、3分ほど煮る。器に盛り、粗挽きこしょうを振る。

初めて食べるのに、
どこか懐かしい味。
ヒラタケのお陰で
お肉が入ってるような
ボリューム感！

111

保存期間
冷蔵**3**日

甘辛きのこダネ

材料（作りやすい分量）

ブナシメジ……100g

ブナピー……100g

マイタケ……100g

エリンギ……100g

A

　砂糖……大さじ4

　酒……大さじ2

　しょう油……大さじ2

1 ブナシメジ、ブナピーは石づきを切り、マイタケとともに小房に分ける。エリンギは食べやすい大きさに切る。

使用するきのこ

ブナシメジ　ブナピー　マイタケ　エリンギ

調理時間10分

2 鍋に**1**と**A**を入れ、中火にかける。混ぜながら汁気がなくなるまで加熱する。

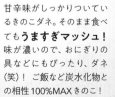

甘辛味がしっかりついているきのこダネ。そのまま食べても**うますぎマッシュ！** 味が濃いので、おにぎりの具などにもぴったり、ダネ（笑）！ ご飯など炭水化物との相性100%MAX きのこ！

甘辛きのこダネ 活用レシピ

きのこの作りおき

きのこたっぷり煮込みうどん

調理時間10分

材料（2人分）

甘辛きのこダネ……150g
玉ねぎ……1/2個
ほうれん草……50g
うどん（冷凍）……2玉
卵……2個
かまぼこ……4枚
だし汁……650ml
しょう油……大さじ1 1/2

1 玉ねぎは1cm幅に切る。ほうれん草は下茹でし、3cm長さに切る。

2 鍋にだし汁と玉ねぎ、凍ったままのうどんを入れてフタをし、中火にかける。

3 煮立ったら、ほうれん草、甘辛きのこダネを加えて温める。しょう油を加えて2分ほど煮たら、卵を割り入れ、かまぼこを加えて卵が好みのかたさになるまで煮込む。

甘辛きのこダネの味がうどんのつゆに溶け込んで、絶妙な味わいになってマッシュ！

113

保存期間
冷蔵7日

味噌きのこ

材料（作りやすい分量）
ブナシメジ……100g
マイタケ……200g
しょうが……1片
ごま油……大さじ3

A
　味噌……100g
　（半量は赤味噌がおすすめ）
　酒……大さじ2
　みりん……大さじ2

1 ブナシメジは石づきを切り、マイタケとともに小房に分ける。しょうがはみじん切りにする。

2 フライパンにごま油を中火で熱し、1を入れて炒める。

3 2がしんなりしたら混ぜ合わせた**A**を加え、水気が出てきたら弱めの中火にし、水気がなくなるまで炒め煮する。

使用する
きのこ

ブナシメジ　マイタケ

調理時間10分

味噌に含まれる麹菌ときのこの菌で、菌×菌の相乗効果をゲット！ 味噌のコクがきのこと合わさって単品でも美味しめじ！ 素朴な味つけがクセになります！ やっぱり、**大好きのこ！！**

114

味噌きのこ 活用レシピ

味噌きのこの豆腐グラタン

調理時間25分

材料(2人分)

味噌きのこ
……150g

木綿豆腐
……1丁

ベーコン
……2枚

玉ねぎ
……1/2個

塩……少々

薄力粉
……大さじ1

サラダ油
……小さじ1

ホワイトソース

バター……15g

薄力粉
……大さじ1½

牛乳……250ml

塩……小さじ¼

ピザ用チーズ
……40g

パセリ(みじん切り)
……少々

1 豆腐は水きりし、8等分に切って塩を振り、薄力粉をまんべんなくまぶす。ベーコンは短冊切りに、玉ねぎは薄切りにする。

2 フライパンにサラダ油を中火で熱し、1の豆腐を並べる。両面に焼き色をつけ、取り出す。

3 ホワイトソースを作る。2のフライパンにバターを入れて弱火で溶かし、1のベーコンと玉ねぎを炒める。薄力粉を振り入れ、よく混ぜる。粉っぽさがなくなったら牛乳を少しずつ加えて溶きのばし、塩、味噌きのこを加えてひと煮立ちさせる。

4 グラタン皿に2を並べ、3をかけ、チーズを散らす。200℃に予熱したオーブンで15分ほど焼き、仕上げにパセリを散らす。

味噌きのことチーズがマッチ!
トキイロヒラタケや
タモギタケなど
カラフルなきのこを入れたら
色も風味ももっと
豊かになるかも!

115

きのこダネ

材料（作りやすい分量）

ブナシメジ……100g
ブナピー……100g
マイタケ……100g
エリンギ……100g

A

サラダ油……50ml
塩……小さじ1/2
こしょう……少々

1 ブナシメジ、ブナピーは石づきを切り、マイタケとともに小房に分ける。エリンギは食べやすい大きさに切る。

使用するきのこ
ブナシメジ　ブナピー　マイタケ　エリンギ

調理時間10分

2 耐熱容器に1を入れてラップをふんわりとかけ、電子レンジで4分ほど加熱する。

3 粗熱が取れたら、Aを加えてさっと混ぜ、5分ほど漬ける。

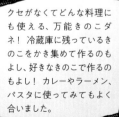

クセがなくてどんな料理にも使える、万能きのこダネ！冷蔵庫に残っているきのこをかき集めて作るのもよし、好きなきのこで作るのもよし！カレーやラーメン、パスタに使ってみてもよく合いました。

きのこダネ 活用レシピ

鶏もも肉のソテー きのこソースがけ

調理時間15分

材料（4人分）

きのこダネ……200g
鶏もも肉……2枚
塩……小さじ½
黒こしょう
　……小さじ⅓
オリーブオイル
　……大さじ1

A
| にんにく（みじん切り）
　……1片分
| 酒……大さじ2

レモン汁
　……大さじ1
レモン（輪切り）
　……½個分
イタリアンパセリ
（飾り用）……適量

1 鶏肉は、塩、黒こしょうで下味をつける。

2 フライパンにオリーブオイルを中火で熱し、**1** を皮目から焼く。焼き色がついたら裏返し、**A** を入れてフタをして蒸し焼きにする。鶏肉に火が通ったらきのこダネとレモン汁を加えてさっと煮る。

3 器に盛り、レモンを添える。

たっぷりの
きのこソースで
うま味抜群！
レモンの香りも
食欲をそそる！

117

きのことキャベツの塩昆布漬け

材料(作りやすい分量)

ブナシメジ……100g

ブナピー……100g

キャベツ……1/8個(150g)

塩昆布……20g

赤唐辛子(輪切り)
……適量

*塩昆布の量はお好みで
調整してください。

1 ブナシメジ、ブナピーは石づきを切り、小房に分ける。キャベツはざく切りにする。

2 耐熱ボウルに1と塩昆布、赤唐辛子を入れてラップをふんわりとかけ、電子レンジで3分ほど加熱する。

3 粗熱が取れたら冷蔵庫で1時間ほど冷やす。

使用する
きのこ

ブナシメジ　ブナピー

調理時間5分

塩昆布を絡めてレンチンするだけ。簡単だから一人暮らしの僕にはピッタリ!週3で作ります! Let's クッ菌グ!

118

5

きのこで菌活・美容レシピ

きのこがからだにやさしい菌類であることは
Part1で、すでにお伝えした通り。
このPartでは、美容や健康を意識した
菌活&美容レシピを集めました。
期待できる効果をマークで表示しているので、
ぜひ参考にしてください。

⟩⟩ 3種の菌活グラタン ⟩⟩⟩⟩⟩⟩⟩⟩⟩⟩⟩⟩⟩⟩⟩⟩⟩⟩⟩⟩⟩⟩⟩

使用する
きのこ

ブナピー　エリンギ

調理時間15分

材料（4人分）

ブナピー……100g	塩、こしょう……各適量
エリンギ……100g	**A**
ブロッコリー……1株	┌ ヨーグルト
玉ねぎ……1個	│ ……大さじ6（90g）
鶏ささみ……2本	│ 味噌……大さじ2
	└ みりん……大さじ2
	ピザ用チーズ……120g

1　ブナピーは石づきを切って小房に分け、エリンギは輪切りにする。ブロッコリーは小房に分け、玉ねぎは薄切りにし、ささみは筋を取り、斜め薄切りにする。

2　耐熱ボウルに1を入れてラップをふんわりとかけ、電子レンジで6分ほど加熱する。

3　グラタン皿に2を入れて塩、こしょうを振り、混ぜ合わせたAをかけ、チーズをのせる。オーブントースターでチーズに焼き色がつくまで5分ほど焼く。　（エネルギー256kcal／1人分）

食物繊維たっぷりの
きのこと、発酵食品の味噌、
ヨーグルトで腸を
健康に保ちましょう

∞ きのことれんこんの ポテトサラダ風

使用する
きのこ

ブナピー　マイタケ　調理時間10分

材料（4人分）

ブナピー
……100g

マイタケ
……100g

れんこん
……100g

きゅうり
……1本

ハム……2枚

おからパウダー
……30g

A
マヨネーズ	……大さじ3
ヨーグルト	……大さじ1
酢	……小さじ1
塩	……小さじ1/3

塩……ふたつまみ

1 ブナピーは石づきを切り、マイタケとともに小房に分ける。れんこんはいちょう切りにし、酢水にさらす。きゅうりは薄い小口切りにして塩を振り、しんなりしたら水気をしぼる。ハムは1cm四方に切る。

2 ボウルにおからパウダー、袋の表示通りの水を入れてふやかす。

3 耐熱ボウルに1のブナピー、マイタケ、れんこんを入れてラップをふんわりとかけ、電子レンジで5分ほど加熱し、粗熱を取る。

4 2に1のハム、きゅうり、3、Aを加えて混ぜ合わせる。

（エネルギー133kcal／1人分）

じゃがいもの代わりにおからを使ってカロリーダウン。きのことれんこんの食物繊維で便秘予防にも

◇◇ きのことキャベツの彩り蒸し ◇◇◇◇◇◇◇◇◇◇◇◇◇◇◇◇◇◇◇◇

使用する
きのこ

ブナピー エリンギ

調理時間 15分

材料(4人分)

ブナピー……100g
エリンギ……100g
キャベツ……100g
アボカド……1個
にんじん……1/3本
鶏むね肉……1枚
レモン汁……小さじ1

A

片栗粉……大さじ2
酒……大さじ1

B

しょう油……大さじ1
酒……大さじ1
みりん……大さじ1
味噌……小さじ2
おろししょうが
……小さじ1

パセリ(みじん切り)……適量

1 ブナピーは石づきを切って小房に分け、エリンギは輪切りにする。キャベツはざく切りにし、アボカドは食べやすい大きさに切り、レモン汁をかける。にんじんは半月切りにする。

2 鶏肉は皮を取って一口大のそぎ切りにし、**A**で下味をつける。

3 フライパンに**1**を入れ、その上に**2**、水大さじ3(分量外)を加えてフタをし、強火で1分、その後弱火にし、5分ほど蒸す。蒸し上がったら、混ぜ合わせた**B**を加えて炒め合わせる。器に盛り、パセリを散らす。　　(エネルギー202kcal／1人分)

きのこに豊富なビタミンB2が肌のターンオーバーを整え、キャベツのビタミンC、アボカドのビタミンEが肌ストレスをブロック!

◇◇ ゴロゴロきのこのガパオライス ◇◇◇◇◇

使用する
きのこ

ブナシメジ　エリンギ

調理時間15分

材料(4人分)

ブナシメジ……100g
エリンギ……100g
鶏ひき肉……250g
パプリカ(赤)
　……1/2個
玉ねぎ……1/2個
バジルの葉
　……15枚ほど
卵……4個
ご飯……600g

A

ナンプラー
　……大さじ2
オイスターソース
　……大さじ1
砂糖……小さじ1
酒……小さじ1
サラダ油……大さじ2
塩、こしょう……各少々
バジルの葉(飾り用)
　……適量

1 ブナシメジは石づきを切って小房に分け、エリンギとともに1cm角に切る。パプリカは1cm四方に切る。玉ねぎはみじん切りにする。バジルの葉は手でちぎる。**A**は混ぜ合わせる。

2 フライパンにサラダ油大さじ1を中火で熱し、ひき肉、1の玉ねぎを入れて炒める。肉の色が変わったら1のきのこ、パプリカを加え、しんなりするまで炒める。**A**、1のバジルの葉を加えてさらに炒め、塩、こしょうで味を調える。

3 別のフライパンに残りのサラダ油を中火で熱し、卵を割り入れ、半熟の目玉焼きを作る。

4 器にご飯を盛って2をかけ、目玉焼きをのせる。

(エネルギー548kcal/1人分)

一皿で栄養満点!
きのこのビタミンB₂、
パプリカのビタミンA、C、E、
鶏肉や卵のタンパク質で
美と健康を保ちましょう

123

∞ きのことかぼちゃのキッシュ風 ∞∞∞∞∞∞∞

使用する
きのこ

ブナピー　マイタケ

調理時間 40分

材料(4人分)

ブナピー……100g
マイタケ……100g
かぼちゃ……200g
ベーコン……4枚
大豆水煮……50g
バター……20g

A
卵……4個
生クリーム……200ml
ハーブソルト
(なければ塩適量)
……小さじ1/2
ピザ用チーズ……50g

1 ブナピーは石づきを切り、マイタケとともに小房に分ける。ベーコンは細切りにする。

2 かぼちゃは食べやすい大きさに切り、耐熱容器に入れてラップをし、電子レンジで4分ほど加熱する。

3 フライパンにバターを中火で熱し、1を炒める。

4 オーブン皿に3、2、大豆の順に入れ、混ぜ合わせたAをかけ、チーズをのせる。180℃に予熱したオーブンで20分ほど焼く。

(エネルギー519kcal／1人分)

かぼちゃは老化防止が期待できるビタミンEが豊富。きのこのビタミンB_2が健やかな肌を、大豆のイソフラボンが美容をサポート

ダイエット　腸活

∞ きのことチキンのカラフルサラダ ∞∞∞

使用する
きのこ

ブナシメジ　ブナピー

調理時間20分

材料（4人分）

ブナシメジ……100g

ブナピー……100g

鶏むね肉……1枚

グレープフルーツ
……1個

トマト……1個

ベビーリーフ……70g

ミックスビーンズ……50g

ミックスナッツ……30g

好みのチーズ……適量

オリーブオイル
……小さじ1

A

白ワインビネガー
……大さじ1

オリーブオイル
……大さじ2

ハーブソルト
（なければ塩適量）
……大さじ1/2

粗挽きこしょう
……少々

1　ブナシメジとブナピーは石づきを切り、小房に分ける。グレープフルーツは皮をむき、果肉を取り出す。トマトはくし形に切る。

2　フライパンにオリーブオイルを中火で熱し、1のきのこを炒める。

3　鶏肉は厚さが均等になるように開き、魚焼きグリルで火が通るまで7分ほど焼き、一口大に切る。

4　器にベビーリーフ、ミックスビーンズ、1のグレープフルーツ、2、3、1のトマトの順に盛り、刻んだミックスナッツ、好みのチーズを散らす。混ぜ合わせたAをかけ、粗挽きこしょうを振る。

（エネルギー328kcal／1人分）

美容と健康効果で高い注目を集める「パワーサラダ」にきのこをたっぷりオン！きのことフルーツが意外にも好相性！

∞ きのこと玉ねぎのマリネ ∞

使用する
きのこ

ブナピー　エリンギ

調理時間10分

材料（4人分）

ブナピー……100g
エリンギ……100g
玉ねぎ……1/2個
ミニトマト……8個
ベーコン……2枚
にんにく……1片

A

酢……大さじ5
砂糖……大さじ2
塩……ひとつまみ
オリーブオイル
　……小さじ1
粗挽き黒こしょう
　……適量

＊酢はらっきょう酢やしょう
が酢でも代用できます。

1 ブナピーは石づきを切り、
小房に分ける。エリンギは食べやすい大きさに
切る。玉ねぎは薄切り、ベーコンは1〜1.5cm幅
に切る。にんにくはすりおろす。

2 耐熱容器に1を入れてラップをふんわりとかけ、
電子レンジで5分ほど加熱し、粗熱を取る。

3 2にA、半分に切ったミニトマトを入れて混ぜ
る。冷蔵庫で30分ほど漬ける。

（エネルギー91kcal／1人分）

汗をかく夏に食べてほしいマリネ。
玉ねぎで血液サラサラ、
きのこのビタミンB₁と
酢のチカラで疲労回復を！

≫ きのこと夏野菜のラタトゥイユ ≪

使用する
きのこ

ブナシメジ　エリンギ

調理時間 20分

材料（4人分）

ブナシメジ……100g
エリンギ……100g
なす……1本
ゴーヤ……1/2本
玉ねぎ……1個
トマト……3個
さば水煮缶
　　……1缶（190g）

A

オリーブオイル
　……大さじ1
にんにく（みじん切り）
　……1片分
赤唐辛子（種を取る）
　……1本
ローリエ……1枚
塩……小さじ1

1　ブナシメジは石づきを切り、小房に分ける。エリンギ、なすは1cm幅の輪切りにする。ゴーヤは縦半分に切って種とワタを取り、5mm幅に切る。玉ねぎは薄切り、トマトはざく切りにする。

2　鍋にAを入れて弱火にかけ、香りが立ったら1の玉ねぎ、なす、きのこを加えて炒める。油が回ったらトマトを入れて潰しながら炒める。

3　2にローリエを加えてフタをし、中火にして5分ほど煮る。火が通ったらゴーヤ、さばを缶汁ごと入れ、塩を加えてフタをし、弱火で3分ほど煮る。

（エネルギー55kcal／1人分）

疲労回復によい
きのこのビタミンB$_1$の働きを、
玉ねぎやにんにくのアリシンが高めます。
夏野菜のビタミンCで美肌を目指そう。

127

きのこと牛肉のスタミナサラダ

使用する
きのこ

ブナシメジ　マイタケ

調理時間15分

材料（4人分）

ブナシメジ……100g
マイタケ……100g
牛切り落とし肉
　　……300g
トマト……2個
きゅうり……1本
リーフレタス
　　……4枚(160g)
酒……大さじ1

A

酢……大さじ3
しょう油
　　……大さじ1½
砂糖……大さじ1
オリーブオイル
　　……大さじ1
おろしにんにく
　　……小さじ½
おろししょうが
　　……小さじ½

1 ブナシメジは石づきを切り、マイタケとともに小房に分ける。トマトはくし形に切り、きゅうりは縦半分に切り、斜め薄切りにする。レタスは食べやすい大きさにちぎる。**A**は混ぜ合わせる。

2 鍋にたっぷりの湯を沸かし、**1**のきのこを入れて茹で、ザルに上げる。残りの湯に酒を加え、沸騰したら弱火にし、牛肉を茹でて冷水に取り、水気をきる。

3 ボウルに**1**のトマト、きゅうり、**2**、**A**を入れて混ぜ合わせ、**1**のレタスを敷いた器に盛る。

（エネルギー205kcal／1人分）

ビタミン豊富な野菜をたっぷり使った、主菜になるサラダ。牛肉のうま味、香味野菜のきいたタレで満足度も高く、ダイエットに◎

∞ ヒラタケとアスパラガスの ソイリゾット ∞

使用する
きのこ

ヒラタケ

調理時間10分

材料（2人分）

ヒラタケ（霜降りひらたけ）
……1パック（100g）
グリーンアスパラガス
……1束（120g）
玉ねぎ……1/4個
バター……10g
豆乳……200ml
ご飯……200g

ピザ用チーズ
……20g
塩……小さじ1/2
黒こしょう……適量

1 ヒラタケは小房に分ける。アスパラガスは斜め薄切りにし、玉ねぎはみじん切りにする。

2 フライパンにバターを入れて弱火で溶かし、1の玉ねぎを炒める。しんなりしたら中火にして1のヒラタケとアスパラガスを加えて炒める。

3 2に豆乳を加え、煮立ってきたらご飯を加え、ときどき混ぜながら煮る。水分が少なくなったら、チーズと塩を加え、軽く混ぜて火を止める。器に盛り、黒こしょうを振る。

（エネルギー343kcal／1人分）

きのこに豊富な食物繊維は腸内環境を整えます。豆乳のイソフラボンでホルモンバランスも整えて

129

特別編①

【エノキタケ】

日本で一番生産量が多いきのこで、安くて扱いやすく、シャキシャキした食感が持ち味。榎の木の切り株に生えることからこの名がつきました。エノキタケ栽培が盛んな長野県中野市で開発された「えのき氷」が、体によく、いろいろな料理に応用できると話題に。

●**選び方**……色が白く、軸がピンとしているもの、株全体に締まりのあるものを選んで。

●**栄養・効能**……ビタミンB_1が特に多い。ガン予防効果や高血圧や高血糖の改善効果も確認、報告されている。

エノキタケと
ベーコンは
永遠の名コンビ。
バルサミコ酢で
酸味とうま味を
プラス！

エノキベーコンソテー

調理時間10分

材料（2人分）
エノキタケ……200g（1株）
ベーコン……4枚
ミニトマト……4個
粒マスタード……小さじ1
バルサミコ酢……小さじ1
オリーブオイル……小さじ1

1 エノキタケは根元を切り落とし、8等分に分ける。ベーコンは長さを半分に切り、エノキタケを巻いて楊枝でとめる。

2 フライパンにオリーブオイルを中火で熱し、1とミニトマトを焼く。全体に焼き目がついたら、水大さじ1（分量外）を加えてフタをし、弱火で1分ほど蒸し焼きにする。

3 粒マスタードとバルサミコ酢を加え、全体に味を絡める。

エノキタケを
たっぷり加えた肉ダネだから、
あっさり&ヘルシー。
エノキタケの水分のおかげで、
レンジで蒸しても
シュウマイがパサつかず、
ふっくら仕上がります

∞ エノキシュウマイ ∞

調理時間20分

材料（1~2人分）

エノキタケ
……100g（½株）

鶏ひき肉……150g

A

| しょう油……小さじ2
| マヨネーズ
　……大さじ1
| 黒こしょう……適量
| 片栗粉……大さじ1

シュウマイの皮
……10枚

レタス……大1枚

練り辛子……適量

酢じょう油（好みで）
……適量

1 エノキタケは1cm長さに切る。

2 ボウルにひき肉、**1**、**A**を入れて手で練り混ぜ、10等分にする。

3 シュウマイの皮を手に広げ、**2**をのせて握り込むようにして包み、はみ出た皮の端も折り込んでスプーンで表面を押さえる。残りも同様に包む。

4 耐熱皿にレタスを敷いて**3**を間隔をあけて並べ、上から水を軽く振ってラップをふんわりとかけ、電子レンジで5分加熱する。練り辛子と好みで酢じょう油を添える。

133

エノキタケの
根元を捨てるなんて
もったいない！
貝柱のような食感と
濃いうま味を
ご堪能あれ

エノキタケのステーキ ゆずこしょうバター ∞

材料(2人分)

エノキタケ(根元)……2株分
薄力粉……小さじ2
バター……20g
しょう油……小さじ1/2
ゆずこしょう……少々

つけ合わせ
水菜、ミニトマト

1 エノキタケの根元は石づきとおがくずを
切り落とし、両面に軽く薄力粉をまぶす。

2 フライパンにバターを弱火で溶かし、エノキタケを3分
ほど焼く。裏返してフタをし、3分ほど蒸し焼きにする。

3 2の火を止め、しょう油とゆずこしょうをエノキタケに
かけ、さっと全体に絡める。

調理時間8分

エノキタケを炒ることでおいしさがぎゅっと凝縮します。海苔で巻いて食べるのもオツ

エノキとねぎのたらこ和え ◇◇◇◇◇◇◇◇◇◇◇◇◇◇

調理時間5分

材料（2人分）

エノキタケ……200g（1株）

たらこ……小1腹（30g）

長ねぎ（みじん切り）……10cm分

みりん……小さじ1/2

オリーブオイル……小さじ2

しょう油……少々

1 エノキタケは根元を切り落としてほぐす。

2 フライパンに油を引かずに中火で熱し、エノキタケを炒りつける。焼き目がついてしんなりしたら火を止める。

3 ボウルに長ねぎ、ほぐしたたらこ、みりん、オリーブオイル、しょう油を入れて混ぜ、2を加えて和える。

135

フライパンひとつで
作れるあんかけ。
濃厚な黒酢ダレを
エノキタケが
余さずキャッチ！

エノキとさば缶の黒酢あんかけ

材料（2人分）

エノキタケ
　……100g（½株）
さば水煮缶
　……1缶（190g）
パプリカ（赤）……¼個
長ねぎ……¼本
オイスターソース
　……大さじ1
黒酢……小さじ2
ごま油……小さじ2

塩……少々
水溶き片栗粉
　水……大さじ1
　片栗粉……小さじ1

調理時間8分

1　エノキタケは根元を切り落とし、長さを半分に切ってほぐす。パプリカと長ねぎは5mm幅に切る。

2　さば缶の汁、オイスターソース、黒酢を合わせてタレを作る。

3　フライパンにごま油を中火で熱し、パプリカと長ねぎを1分ほど炒める。さばを軽くほぐして加え、エノキタケも加えて塩を振り、さっと炒めてタレを加える。火を弱めて水溶き片栗粉を加え、再び火を強めて1分ほど煮て、とろみをつける。

特別編②

【マッシュルーム】

世界で最も生産されているきのこで、和名を「ツクリタケ」といいます。日本では、見た目が美しいホワイト種、加熱しても縮みにくく、うま味が濃いブラウン種が人気。うま味成分のグアニル酸がシイタケの3倍含まれています。

●**選び方**……かさがツルツルしていて締まっているものを。割れや傷が多いものは避けて。
●**栄養・効能**……ビタミンB_2、食物繊維などが豊富。抗酸化作用、免疫活性化作用があることが報告されている。

半分に切った断面に
きゅんとなるメンチカツ。
ひき肉で包み込むから、
マッシュルームのうま味を
1滴たりとも逃しません！
角切りにしたマッシュルームを
ひき肉に混ぜても
食感が変わって楽しい

138

マッシュルームメンチ

調理時間25分

材料(2人分)

ホワイトマッシュルーム
……6個(80g)

合いびき肉……250g

玉ねぎ(みじん切り)
……30g

塩……小さじ1/2

黒こしょう……適量

溶き卵……1個分

薄力粉……適量

パン粉……適量

揚げ油……適量

つけ合わせ

プリーツレタス、レモン

1 ボウルにひき肉、玉ねぎ、塩、黒こしょう、溶き卵大さじ1、薄力粉小さじ1を入れて手で練り混ぜ、6等分にする。

2 マッシュルームに薄力粉を薄くまぶし、**1**で全体を包んで握り、丸く成形する。それぞれに薄力粉をつけ、残りの溶き卵をくぐらせてパン粉をしっかりまぶす。

3 フライパンに揚げ油を170℃に熱し、**2**を3個入れる。1分ほどたって衣がかたまったら裏返し、ときどき返しながら、5分ほど揚げる。残りも同様に揚げる。

マッシュルーム
ソテーで、
いつもの目玉焼きが
ごちそうに

マッシュルームソテー＆目玉焼き ◇◇◇◇◇◇◇◇◇◇◇◇◇◇◇◇

材料(2人分)
ブラウンマッシュルーム……6個(80g)
にんにく……1片
バター……20g
塩……適量
こしょう……適量
粉チーズ……小さじ1
目玉焼き……2個分

つけ合わせ
ラディッシュ、ベビーリーフ

1 マッシュルームは薄切りに、にんにくはみじん切りにする。

2 フライパンにバターを弱火で溶かし、にんにくを入れる。香りが立ったらマッシュルームを加えて炒め、塩、こしょう、粉チーズで調味する。

3 器に目玉焼きを盛り、2を添える。

調理時間10分

ツナのうま味と
玉ねぎの甘みを
マッシュルームが
受け止める!
器の底のスープも
美味

マッシュルームのツナチーズ焼き ◇◇◇◇◇◇◇◇◇◇◇◇◇◇◇◇◇

調理時間15分

材料（2人分）

ホワイトマッシュルーム
　　……10個（130g）
玉ねぎ……30g
ツナ缶……1缶（70g）
ピザ用チーズ……30g
塩……適量
イタリアンパセリ……適量

1 マッシュルームは軸を取り、かさと分ける。玉ねぎは薄切りにする。

2 耐熱容器にマッシュルームの軸、かさのひだを上に向けて入れ、塩少々を振り、玉ねぎを散らしてツナを缶汁ごとかけ、チーズをのせる。

3 2を180℃のオーブンで13分ほど加熱する（途中焦げそうな場合はアルミホイルをかける）。

4 3に刻んだイタリアンパセリを散らす。

141

材料をペーストにしてから炒めるので、短時間で完成！ひと口で身も心も癒されます

マッシュルームポタージュ ◇◇◇◇◇◇◇◇◇◇◇◇◇◇◇◇◇◇◇◇

調理時間15分

材料（2人分）

ブラウンマッシュルーム
……10個（130g）
玉ねぎ……40g
牛乳……250ml
バター……30g
塩……小さじ1/2
黒こしょう……適量

1 マッシュルームは薄切りに、玉ねぎは粗みじん切りにし、牛乳50mlとともにフードプロセッサーにかけ、なめらかなペースト状にする。

2 小鍋にバターを中火で溶かし、1、塩を入れる。ふつふつしてきたら火を弱め、混ぜながら3分ほどじっくり炒める。

3 2に残りの牛乳を加えてのばし、味を見て足りなければ塩で味を調える。器に盛り、黒こしょうを振る。

マッシュルームの
うま味、オイルの
コク、アンチョビの
塩気が口の中で
おいしく融合

マッシュルームのアヒージョ ◇◇◇◇◇◇◇◇◇◇◇◇◇◇◇◇◇◇◇◇

調理時間15分

材料(2人分)

ブラウンマッシュルーム
……10個(130g)
アンチョビ……15g
にんにく……2片
赤唐辛子……1本
オリーブオイル……130ml

1 アンチョビはみじん切りにし、にんにくは縦半分に切って芯を取る。赤唐辛子は種を取り除く。

2 フライパンに1、オリーブオイルを入れてごく弱火にかけて炒める。

3 香りが立ってきたらマッシュルームを加え、ときどき上下を返しながら油をなじませ、7分ほど加熱する。

ホクトの
1番おいしいきのこレシピ

監修者	ホクト(株)
発行者	池田士文
印刷所	大日本印刷株式会社
製本所	大日本印刷株式会社
発行所	株式会社池田書店

〒162-0851 東京都新宿区弁天町43番地
電話03-3267-6821(代)/振替00120-9-60072

監修 ホクト株式会社

1964年に食品包装資材ディーラーとして設立。現在は、きのこの研究開発から生産・販売までの一貫体制で、日本唯一の「きのこ総合企業グループ」として成長し続けている。主力商品は、エリンギ、マイタケ、ブナシメジ、ブナピー、霜降りひらたけ、一番採り生どんこ。安心・安全のもと、高品質なきのこを年間を通して安定的に生産し、消費者からの人気が高い。

イラスト　ありさ＆あかめがね
料理製作・スタイリング　黒瀬佐紀子
　　　　　　　　　　（カバー、P131〜143）
撮影　原ヒデトシ（カバー、Part1、P131〜143）
デザイン　廣田萌（文京図案室）
執筆協力　山下優子
編集協力　佐々木香織
校正　株式会社ぷれす、村上理恵